U0907840

王思明◎著

创业是一种修行

·广州·

图书在版编目（CIP）数据

创业是一种修行 / 王思明著．—广州：广东经济出版社，2016.7
ISBN 978-7-5454-4610-4

Ⅰ．①创… Ⅱ．①王… Ⅲ．①企业管理 Ⅳ．①F270

中国版本图书馆 CIP 数据核字（2016）第 135580 号

出版发行	广东经济出版社（广州市环市东路水荫路 11 号 11 ～ 12 楼）
经销	全国新华书店
印刷	北京盛兰兄弟印刷装订有限公司（北京市大兴区黄鹅路西临 89 号）
开本	880mm×1230mm 1/32
印张	7
字数	106 000
版次	2016 年 7 月第 1 版
印次	2016 年 7 月第 1 次
书号	ISBN 978-7-5454-4610-4
定价	45.00 元

如发现印装质量问题，影响阅读，请与承印厂联系调换。
广东经济出版社常年法律顾问：何剑桥律师

创业
是一种修行

Entrepreneurship
is a practice

>>>>>>>>>>>>>>>>>>>>>>>>> 目录 >>>>>>>>>>>>>>>>>>>>>>>>>

Chapter 1

以梦为马，努力过就无悔

Chapter 2

苦难是金，少年壮志不言愁

Chapter 3

北漂十年，
青春就是奋斗

Chapter 4

一条小黑裙
引发的奇迹

Chapter 5

匠人匠心，黑色传奇是这样铸就的

Chapter 6

每条奢瑞小黑裙都承载着慈善与爱

Chapter 1

以梦为马，努力过就无悔

进入体校，为自己种下一个梦

你是为什么而活着的?

这些年来，我一直在问自己这个问题。在我看来，如果一个人没有找到这个问题的答案，他就会活得非常茫然，浑浑噩噩不知为何而奋斗。我不断地倾听自己内心的声音，发现答案其实很简单——我们都是为了希望而活着。只有心存希望的人，才不会活得空虚，才知道自己要到达的彼岸在哪里。

我一直坚信，生命中的每一天都会有奇迹发生。1996年，我9岁那一年，我人生的第一个奇迹发生了。这一年，我的老家长春市九台市（现九台经济开发区）体校在全市范围内海选体育小将，老师找到了我，对我说：“王思明，你去吧，我觉得你一定行！”

老师的话就像一缕阳光，一下子照亮了我的生活。小学时的我，虽然身体素质好、体育成绩突出，每次运动会都能包揽跳远、跳高、扔铅球等项目的第一名，却从来都没有想过自己可以在体育方面谋求更大的发展。所以，当老师告诉我，全校只推荐了我一个人参加海选的时候，我的心中着实充满了惊讶与欣喜。

几天后，老师带着我来到了九台一中，参加这场对我来说至关重要的招生考试。一到现场，我就被学校里的“人山人海”吓坏了。这时我才知道，原来整个九台市的小学都参加了这次体校海选，一大早，各个地区的体育老师就都带着学校里的体育苗子们赶了过来。九台一中并不大，校园里挤满了人，而我，只是这将近2000个孩子中的一个。

我还是头一次见识这么大的阵势。看着周围人高马大、信心满满的同龄人们，我在心里不停地打鼓：“我能考上吗？我真的可以吗？学校只选了我一个人，万一我被淘汰了，岂不是太对不起老师对我的信任和期待了？”

我越想越忐忑，一时间甚至萌生了退意。但是，老师鼓励的目光又让我感觉惭愧不已：“学校把这唯一的机会给了我，我怎么能当逃兵？”一想到这儿，我骨子里那股不服输的劲儿就涌了上来，让我充满了斗志。

我曾经听到过一句谚语：“每个人心中都隐伏着一头雄狮。”这头雄狮就是我们自己，把雄狮从沉睡中唤醒，我们就会势不可当，全世界都会为我们让路。很多人总是抱怨，机会不肯在自己的门前驻足，其实，在发牢骚之前，首先应该检讨一下：我是不是对自己没有信心？当我们失去自信的时候，机会也会离我们而去。人们总以为自己是被别人打败的，其实，真正的对手往往是自己。要想赢得机会，首先你要相信自己。在做任何事情之前，如果我们能够肯定自己、相信自己，那么就已经成功了一半。

每个人都不是随随便便就降生到这个世界上的，你的出生本身就是一个奇迹，为什么不能再勇敢地创造另一个奇迹呢？同样是人，别人能够获得成功，你为什么不能？别人能够创造财富，你为什么不能？上帝对你是公平的，你拥有健全的四肢和聪明的大脑，为什么不能努力去过你想过的生活？为什么不能努力向上，使生命更富朝气？

庆幸的是，在关键时刻，我选择了相信自己、一往无前，全心全意地投入到海选中去。

初试很简单，就是绕着九台一中的办公楼跑圈，没有时间限制，也没有圈数限制，谁坚持不住停下了，谁就被淘汰，最后剩下的前300名可以进入复试。优胜劣汰，规则就是这么残酷。

考官一声令下，所有学生都奋不顾身地往前跑，想把别人甩在后面。起初，所有人都是志得意满的；十几圈下来，有人开始气喘吁吁了，有人忍不住叫苦连天，但这时还没有人放弃；又跑了十几圈，一些人已经累得喘过不气来了，还有些人干脆停了下来，嘴里嚷嚷着“不跑了，不跑了！”……陆陆续续地，越来越多的人退出了比赛，跑圈的队伍从将近两千人逐渐减少到了七八百人，又减少到了四五百人。

我始终一声都没吭，只是咬着牙向前冲。我知道，这个时候最需要的是坚持。坚持，坚持，再坚持……这关键时刻的坚持，将会决定我的未来。我一边跑，一边默默下定决心：“我一定要坚持到最后，即使比赛只剩下我一个人，只要考官不喊停，我就要一直跑下去。”

其实，幸福的人生，往往只是比不幸的人生多了一份

第一章

以梦为马，努力过就无悔

坚持。人生如果失去坚持，就会失去有可能美好无比的未来。越是在困难的时候，越是要用希望和信心来支撑自己，让自己坚持下来。心灵的坚持，就是黑夜里的北斗星，会指引着我们走向光明、迎来曙光。

汗水像小溪一样沿着我的头发流了下来，模糊了我的双眼，我坚持着；双腿像灌了铅一样，每跑一步都沉重无比，我依然坚持着；喉咙里涌起了血的腥味，鼻子也无法呼吸了，我还在坚持着……就这样拼命坚持着，直到我听到考官喊了一声“停”。我就像一摊烂泥一样瘫倒在了路边，但心里却充满了喜悦：“我成功了！我进复试了！”

相比初试，复试更难，不但要考跑步，还要考跳远、跳高、扔铅球等很多项目。

就这样，经过一轮又一轮的选拔，原来参加海选的将近两千人，到最后只剩下了六十人，我很幸运地也在其中。

对我来说，成为体校生是人生的一个重大改变。它给了我一个希望，让我为自己种下一个梦——或许有一天，我会成为世界冠军，站上最高的领奖台！那是我第一次尝到希望的滋味。

希望，真是世界上最美好的词语。希望不像物质那样是看得见、摸得着的，然而，却能够创造出高于物质的奇迹。希望就像黑暗中的一支火把，为绝望的人照亮前方的道路；希望又像沙漠中的一片绿洲，给人以生存下去的决心；希望像是午后的一杯红茶，使人感到生活的美好……那时我虽然年纪很小，却已经隐约明白了，在人生的旅程中，最重要的既不是拥有多少财富，也不是获得了怎样的权力，更不是创造了多大的成功，而是无论何时，自己胸中都升腾着一种信念，始终怀有希望。

生活在希望中的人，他们的人生才是光明的。希望能够让我们保持愉悦的心情，让我们相信无论遭遇怎样的状况，生活总会不断向前，总有一天会变得比现在更好；希望能使我们的心变得坚韧起来，即使是在最艰难的时刻，希望也会支撑着我们，让我们继续前行；希望使我们充满热情、乐观进取，激励我们勇往直前；希望让我们多给别人一次机会，即使是他们看来已经“无药可救”了，希望也会找到理由使我们相信，他们一定会改过自新。

人生在世，离不开希望。

希望，让一切都变得可能，让我们的人生有了更多的可能。

思明对你说

自卑感是人生中无形的敌人，你必须想方设法去战胜它，否则，它会在日复一日的自我暗示中使你丧失信心，让你陷入不安、恐惧、怯懦的状态之中，无法自拔。

你只有在充满希望的春天里播下种子，在炎热的夏季里辛勤耕耘，才能够在丰收的秋季里收获生命的果实。

希望是一盏灯，因为有了它，人心才会充满重见光明的信念，坚定地相信，要不断地走下去，只要不放弃努力，就会迎来属于自己的幸福。

活得浑浑噩噩的人，是永远不会拥有美好未来的。有时，我们不妨为自己种下一个梦，给自己的人生注入一种希望，给自己一个向前的动力。

在体校的那些日子，是我一生中第一段为梦想而奋斗的日子。

我一直认为，年少时不曾努力过的人，是不足以谈梦想的。只有那些在懵懂而稚嫩的岁月里就已经懂得梦想的宝贵，并且甘愿为之付出汗水和努力的人，才能理解梦想的真正含义。

在体校的生活，用一个字来形容，那就是“苦”。刚进入体校的时候，我训练的项目是田径，每天都要练习跑步。每天早上三四点钟，天还没亮，教练就会叫我们起床训练。那是我们一天中最痛苦的时候，尤其是冬天，谁都不愿意从温暖的被窝里爬出来。但是，为了练出成绩来，我们也只能揉着惺忪的睡眼，打起精神，去进行枯燥而又单调的训练。那时我们的训练很特殊——在教学楼里跑楼梯。教学楼一共有六层，我们上上下下、一圈一圈地跑，一跑就是三四个小时。即使累得汗如雨下，也要咬牙坚持。

六七点钟，难熬的晨间训练终于结束了，但一天的生活才刚刚开始。狼吞虎咽地吃完早饭以后，我们又要风风

火火地赶到教室，和其他学生们一起学习文化课。虽然学校对体育特长生的学习成绩要求并不高，但我还是尽自己最大努力学习。那时，几乎所有的体育特长生都会挂科，我却每一科都能及格，有些科目甚至还能考到一百分。

比如有一次，语文老师布置的作业是让同学们背诵《鸬鹚》这篇课文。虽然我可以用来学习的时间不多，但我还是努力去背。到了上课那天，老师让我们挨个背诵，同学们一个个全都背得磕磕绊绊，只有我非常流利地背了出来。语文老师惊讶不已，把班主任叫了过来，当着大家的面表扬我刻苦学习不畏难。

到了下午四五点，放学的时间到了，同学们纷纷收拾书包，兴高采烈地回家了，但我们还要继续训练。每当看着别人轻松自在地走出校门，我都会羡慕不已，但心里却非常明白：这就是我的生活，我只有努力，别无选择！

我从来都不怕吃苦，因为我知道，只有付出比别人更多的努力，吃比别人更多的苦，流比别人更多的汗，才能得到比别人更多的成果。而且，在我看来，人生就像一次旅行，在这趟没有回程票的旅程中，我们会收获各种各样五彩缤纷的经验。每个人都可能遇到困难，在旅途中，涉

水跋山、走狭路、过险桥都是有可能的事情。然而，作为一个像样的旅行者，只有在付出了“吃苦”的费用后，才可以领略到一般人所领略不到的“化险为夷”“峰回路转”“腊尽春回”等乐趣。俗话说“吃得苦中苦，方为人上人”，如果我们从小就生活在安安稳稳、无风无浪的环境里，我们所见的天日就只有一点点，所能适应的温度也就只有那一点点，那还有什么意思？

一年的时间很快就过去了，我夜以继日的刻苦训练得到了丰厚的回报——教练觉得我的爆发力特别好，于是把我保送到了长春市二道区体校。长春市二道区体校是以短道速滑为特色的，到了这里以后，我就不再进行田径训练了，转为练习短道速滑。

短道速滑的训练更加艰苦，不但要进行陆地训练，还要上冰训练。要想提高成绩，必须日复一日地反复训练，练就扎实的基本功。那几年里，我的生活里只有训练、训练、努力训练，真的很累，但我一直坚持着。因为在我看来，世界上的失败只有一种，那就是还没付出努力就选择放弃！

丁俊晖曾经在自己的微博里转发了一篇名为《致运动

员》的文章，文章里写道：

当久了运动员才发现，我们并没有童年，没有其他小朋友的糖果和游乐园！

当久了运动员才发现，一年365天能回一次家也是一种奢侈！

当久了运动员才发现，死也要死在训练场上！

当久了运动员才发现，就算很心疼自己身上的伤，还是要坚持训练！

当久了运动员才发现，骨折拉伤原来是必需的！

当久了运动员才发现，养伤不等于休息！

当久了运动员才发现，比赛的机会不是一定会有的！

当久了运动员才发现，竞技体育的残酷，可以让再好的关系也反目成仇！

当久了运动员才发现，为了保持身材，饿一餐两餐可以是家常便饭！

当久了运动员才发现，吃很多营养补药后胃里是多么恶心想吐！

当久了运动员才发现，你没有对教练领导说NO的权利！

当久了运动员才发现，一个小时是可以重复做几百次动作的！

当久了运动员才发现，晕倒、摔倒起来以后就必须当没事一样……

虽然我已经远离那样的日子很久了，却依然能够感同身受。

体育这条路，如同千军万马过独木桥。运动员们需要经过上千个日夜的训练，超越成千数万的竞争者，吃遍所有酸甜苦辣，才有可能站上最高的位置。然而，更多的人，即使竭尽全力，依然爬不到顶端，只能做一个配角。但我们不怕苦，只要努力过，就没有遗憾、不会后悔！

我们的人生也是一样的道理。走在人生的道路上，如同逆水行舟，不进则退。你原地不动的时候，有人却在埋头努力赶路；你慢慢踱着步子悠闲地往前走的时候，有人正甩开臂膀飞快地跑。等你终于醒悟过来了，他已经跑到了你的前面。所以，我一直告诉自己："任何时候都不要停步不前，你应该做的是，不断向前，不断超越。成功永远没有终点，只有下一个目标。"

在二道区体校与我一同训练的小伙伴们，后来很多进了省队、国家队，有的甚至还得了世界冠军。短道速滑国家队的赵楠楠就是我们中的佼佼者，当时在体校，我和赵楠楠住在一个寝室，是关系非常好的朋友。冬天最冷的时候，我们两个人经常窝在一个被窝里互相取暖。后来我们都到了北京，有一年她还来我家过年，我们回忆起年少时的那些美好又难忘的时光，都是感慨不已。

思明对你说

很多时候，打倒我们的不是别人，正是我们那颗缺少信念的心。我们活着都是为了幸福，然而决定我们未来是否幸福的一个最重要的因素就是：我们的心中有没有信念。

吃苦，是一种资本。不经一番风霜苦，难有梅花吐清香。只有那些受得了挫折和艰辛磨难的人，才能铸就辉煌的人生。

人的一生非常短暂，但那些为梦想而奋斗的人，却能不断地品尝到拼搏的喜悦，把一生过得丰富多彩。

如果不能把自己的全部身心都投入到自己的事业中去，那么不论你从事什么职业，最终都只能沦为平庸之辈，在平平淡淡中过完自己的一生。

戛然而止的体育梦

林语堂说，梦想无论怎样模糊，总潜伏在我们心底，使我们的心境永远得不到宁静，直到这些梦想成为事实才止；像种子在地下一样，一定要萌芽滋长，伸出地面来，寻找阳光。我的梦想，也像一颗种子，在不断地萌芽、生长。我盼望着有一天，它能够绽放出最美丽的花朵。

然而，梦想很美好，现实却很残酷。因为训练过度，我的骨膜受了伤。对于一个运动员来说，伤痛是习以为常的事情，然而，时常发作的疼痛还是令我难以忍受。无奈之下，我只好回家养伤。

骨膜受伤并不是什么难治的病，但是，因为家里经济条件拮据，只能用一些偏方来为我治病，比如把鸡蛋壳烧了，

然后碾成粉末冲水喝掉，既难喝，又没有什么效果。就这样，虽然养了两个月，我的伤依然没有完全恢复。

伤病在身，又耽误了训练进度，摆在我面前的只有一条路：退学。我无法接受这样的现实，我的梦想才刚刚开始发芽，怎么就要被扼杀了呢？

那段时间，我一直沉浸在消极的情绪里无法自拔，父母看到我唉声叹气的样子也忍不住摇头。有一天我读到了一个故事，令我大受启发：一个少年用扁担挑着一担砂锅走在狭长的山路上，不小心脚下打了一个趔趄，几只砂锅掉在地上摔碎了，但是少年看都没看，头也不回地继续赶路了。一个过路的人看到了，焦急地喊住少年："别走了，你的砂锅摔碎了。"少年回答："我听见了。"路人惊讶地问道："既然听到了，为什么不回头看看？"少年说："既然已经摔碎了，回头看又有什么用呢？"说完，就大步流星地走了。

是呀，既然砂锅已经被摔碎了，回头看又有什么用呢？

就像我们的人生一样，已经经历过的那一段注定无法再来一次，无论你多么惋惜、多么懊悔，也无法改变既定的事实。懊恼能够把时间的指针往回拨吗？不能。沉浸在

痛苦中是最错误的选择，它只会让我们宝贵的时间一点一滴地被浪费掉，让我们平添更多的烦恼。

与其让自己沉浸在痛苦中，不如忘记过去，重新上路。

世间任何事，其实都可以分成两个部分，一部分是努力争取、奋斗的过程，一部分是顺其自然的结局。奋斗的过程是由自己来决定的，但最终的结局，却要由上天来决定。所谓“谋事在人，成事在天”，正是如此。既然这样，不如努力做好自己应该做的前半部分，然后安心地等待上天来评判结局如何。一个人，如果既能够尽自己最大的努力去争取，又能够坦然接受上天安排的结局，那才是真正的能屈能伸、可进可退，才真正通达了生命的智慧。在他们眼里，无论什么样的风雨坎坷，都是一种别样的风景。当我们能够坦然接受现实的时候，会发现那才是一种真正的超越，一种战胜自我的强者姿态。

“人生不如意事，十常八九”，这是很多人遇到磨砺和难关的时候经常发出的感慨。的确，放眼看看芸芸众生，有谁能终其一生都活得春风得意、一帆风顺、无波无澜呢？没有。就像每一条船都必须经历波涛汹涌的大浪一样，每个人的世界都存在着各种各样的残缺，命运就如海上的一叶孤舟，时刻可能遭受波涛无情的袭击。

“万事如意”只不过是一种美好的祝福罢了，在残酷的现实面前，它总是显得苍白无力。也许我们曾经踌躇满志、豪情万丈，想要大展宏图，而生活的道路却总是磕磕绊绊、崎岖不平；也许我们乐于平凡、甘于淡泊，向往宁静的日子，而生活的海洋却总不时掀起风浪。于是，我们感到很苦，很累，彷徨，失意，痛苦。而所有的这些烦恼，只缘于我们没有学会“忘记”，总是对那伤心的昨天念念不忘，对过去的不如意耿耿于怀，让忧伤占据了我们的心灵，并在浑然不觉中与今天失之交臂。

我们不能一直纠结于一段不幸的经历，应该学会忘记过去的不如意带给我们的阴影。不要轻易说“想要把你忘记真的好难”，也不要固执地守着“痛苦的往事怎能说忘就忘”的执念，懂得忘记痛苦，才能迎来快乐。不要总把命运加给我们的一点儿痛苦，在有限的生命里反复咀嚼回味，那样将得不偿失，有百害而无一利。一味地沉浸在痛苦中，只能使我们意志薄弱，导致我们错失时机，以致一事无成，陷入恶性循环。

这么多年过去以后，当我再回首那段往事，又有了新

第一章

以梦为马，努力过
就无悔

的感悟：失去并不可怕，真正可怕的是无法接受失去的心。如果我们不把目光聚焦在已经失去的东西上，而是往前看，就会发现，失去有时候也是一种获取。如果当初我没有放弃我的体育梦，或许今天我就不会创立SOIREE奢瑞小黑裙，不可能拥有这样一份我所深爱的事业。

月亮有圆有缺，生命的过程也是如此，有得就有失。有人说得好，如果你得到了名人的声誉，得到了令人向往的权力，那么，你同时也会失去做普通人的自由自在；如果你得到了财富，同时就会失去平淡生活的欢愉；如果你得到了事业成功的满足，同时也就会失去为目标而奋斗的喜悦……我们每个人如果认真地思考一下自己的得与失，就会发现，在得到的过程中，我们本身就经历着不同程度的失去，而我们的人生其实就是一个不断地得而复失的过程。一个不懂得什么时候该放弃什么的人，是愚蠢可悲的。

学会放弃，往往就能从失去中获得。深谙这个道理，人生就会少一些挫折，多一些收获，就会从幼稚走向成熟。

我们失去了很多，但得到的更多。这样想，我们就能为征服一切挫折、痛苦和不幸而去努力、去奋斗！也只有这样想，我们才能赢得一个广阔的心灵空间，失而不忧，得而不喜，把握自己，超越自己。要记住：今天的失去，就是明天的收获！

尽最大努力改变你能改变的事情，勇敢地接受那些你无法改变的事情。

潮起潮落，花开花谢，云卷云舒，不必太在意。只要今天的我们在努力，就无愧于自己。只要问心无愧，我们就会活得很轻松，很开心，很充实。

如果你有一颗从不服输的心，有一种越挫越勇的斗志，那么即使处境再艰难，你也能勇敢地走出去。

Chapter 2

苦难是金，少年壮志不言愁

爷爷的爱，给了我生命的底色

爷爷在我 9 岁那年就离开了这个世界，然而，他却一直活在我的心中。直到现在，我一闭上眼睛，还是能想起爷爷那慈祥的模样、和蔼的笑容，仿佛他从来都没有离开过一样。

从小，爷爷就和我们一家生活在一起，我是在爷爷的关爱下长大的。在所有的兄弟姐妹里，爷爷最爱的是我。每当我和姐妹们围着爷爷，一起嚷嚷着让爷爷抱的时候，爷爷总会笑眯眯地抱起我。这时，我就会骄傲地对她们说："这是我爷爷！"姐姐和妹妹每次都会气呼呼地转身跑开。

小时候家里经济拮据，一日三餐只是粗茶淡饭，很少有改善生活的时候，但是爷爷总能像变戏法似的拿出珍藏很久的糖果或点心给我吃。他自己从来都不舍得吃，全都留给了我。有的时候，因为放的时间太久了，有些东西已经有些变质了，但爷爷还是一直给我留着，因为我是他的心肝宝贝。

爷爷知道我被学校推荐去参加体校海选后，非常高兴。那时他的身体已经非常虚弱了，但还是惦记着这件事，一个劲儿地问我爸妈：“思明有没有选上？”听说我要经过一关关的考试、比赛之后，他又十分心疼我，叮嘱我爸妈要给我好好补充营养，千万不要拖了我的后腿。后来，听说我通过初试之后，他高兴极了，那天晚上比平时多吃了一碗饭。

爷爷去世的那天，我因为要参加复试，没能赶回

去见他最后一面。后来，我听爸妈说，爷爷那时虽然已经神思恍惚了，但嘴里一直念叨着："思明有出息了，思明有出息了，我高兴，我高兴……"现在一想起爷爷的这句话，我还是会忍不住泪流满面。

我到现在都清楚地记得我上体校的那一天，那是我人生中非常重要的一天。不仅因为那一天我正式走上了体育道路，更是因为，那一天是爷爷出殡的日子。当时我想推迟几天去报到，但爸妈却说不用，因为爷爷走之前最开心的事就是我考上了体校，他一定也希望我能如期入学，不想因为他的事耽误我上学。

那天，我虽然人在学校里，心却留在了家里。我默默地下定决心：我一定要好好努力，将来做出一番大事业，让爷爷为我骄傲！

爷爷的去世，对我们家来说是一个噩耗，家里的每个人都沉浸在痛苦之中。有人说，时间是最好的良药，然而，我对爷爷的思念却一直没有被时间治愈，反而与日俱增。

是爷爷的爱，给了我生命的底色。他让我懂得，爱是这个世界上最宝贵的东西，爱是最伟大、最温暖的字眼。爱是生命中熊熊燃烧的火焰，如果没有这火焰，生命都会变成黑夜。爱能使我们的生命充实起来，变得丰富多彩；爱能化为盾牌，阻挡仇恨之箭的伤害。爱是春天里的一场蒙蒙细雨，悄无声息地滋润万物；爱是温暖和煦的阳光，照耀着整个世界。爱意味着无私、宽容、原谅、给予、关心、善良……这所有的一切，都是我们人生中的指路明灯，引领我们在人生的道路上阔步向前，无所畏惧。

当人们被问到“什么样的人生最闪亮、最耀眼”时，答案是多种多样的。成功的、多金的、宾朋满座的……这些优秀的品质都会给人生增添一抹亮丽的色彩，但我觉得，有爱的人生更精彩。财富和成功固然可以让我们获得成就感和满足感，爱却可以使我们拥有整个世界。一路走来，我发现凡是在事业上做出了一番成就的人，心中无不洋溢着满满的爱。这正是因为，只有懂得爱的人，才能懂得人生的大智慧，才会获得追求幸福与成功的源源不断的动力。他们同时也懂得，爱的真谛不在于我们获取的能力，而在于我们给予的能力。只有拥有了这种能力，才能够驾驭成功和财富。也正因为他们不断地付出爱，他们的事业才会一直不断地发展壮大。

因此，我们要努力追求成功、创造人生的价值，同时也不能忘记付出自己的爱，只有在这一得一舍之间，生命才能获得前所未有的和谐。当然，给予爱应该是不图回报的，图回报的爱往往夹杂着私心。爱之所以拥有一种永恒的价值，就是因为我们在付出的时候，会感觉到自己的内心是清澈的、纯洁的、温暖的……这一切都为我们的生活和事业提供了必不可少的精神养料和心灵动力，使我们一生都保持着乐观、豁达、快乐和自信。

有爱的地方，才会有幸福。在生命的道路上，无论我们遇到怎样的困难、逆境、迷茫，都要秉承着这样的信念。不论何时何地，只要心中有爱，我们就能像磁铁一样，吸引到有用的资源、美好的事物，创造出幸福的生活。

对于我来说，爷爷用他的一举一动、一言一行诠释了无私的爱，并把爱传递给了我。我能做的，就是将岁月沉淀下来的精神之光传递下去。

爷爷，你在天堂还好吗？

付出爱总是要比索取爱容易得多。无论在什么时间、什么地点，只要我们真心愿意留给别人一些美好的东西，都会因为自己的付出而感到满足，获得心灵的愉悦。

岁月或许能改变我们的容颜，但改变不了我们对他人、对社会的爱。正是因为一路上有爱同行，我们才能在温暖他人的同时，也让自己的人生更加精彩。

爱是我们一生必修的课程，我们在生命的每一天都要修炼这门课程。懂得如何爱人、爱自己，懂得如何用爱来温暖这个世界，我们才能完成这场修行。

炒瓜子 炒出商业头脑

我的脑海里第一次产生金钱的概念，是在我上小学一二年级的时候。

那时候，人们在闲暇之余都爱嗑瓜子，经常有人到附近的小卖部里买瓜子，一买就是一大袋子。看到这种情形，我的小脑袋瓜就转了起来：别人能卖瓜子赚钱，我为什么不能？

于是，小小的我就点上炉子，学着别人的样子炒起了瓜子。为了让瓜子更好吃，我还进行了“创新”——在炒制的过程中加了酱油和盐，把原味瓜子炒成了咸味瓜子。瓜子出炉之后，我把家里的抽屉铺上报纸，将瓜子铺在里面晾凉，然后就在家门口叫卖起来，价格是五毛钱一杯。

邻居家的小孩们从我家门口走过，我就问他们："我有瓜子，你们买吗？"他们看了都十分眼馋，有些孩子马上掏钱来买，有些孩子兜里没钱，就一溜烟儿跑回家去，

向父母要钱来买。时间一长，附近的孩子们都拿着钱来我这里买瓜子。

他们的家长非常纳闷：孩子的零花钱都去哪了？知道是用来买我的瓜子之后，有的家长就带着孩子来找我“兴师问罪”了。结果，他们把我的瓜子吃了，钱也要回去了，让我真是哭笑不得。

这次小小的尝试不算太成功，却是我人生的第一次经商经历，给我留下了难忘的记忆，让我体会到了做生意的乐趣。其实，当时之所以想到要卖瓜子，并不只是为了赚钱，更多的是想证明自己。那时我虽然年纪很小，却本能地产生了一种认知：赚钱就是对自己能力的一种证明。

尝到了赚钱带来的喜悦后，很快，我又开始了我的第二次“生意之旅”。我姥姥家在大连，每年放暑假的时候，妈妈都会带着我去姥姥家住一段时间。每次一到大连，我都会兴冲冲地跑去海边捡各式各样五颜六色的石头。那些漂亮的小石头，让我爱不释手。

有一天，我一边捡着石头，一边想：我这么喜欢这些小石头，同学们会不会也跟我一样？可惜他们没机会来海边，看不到这么奇特的小石头。就在这一瞬间，我突然灵机一动："我为什么不趁这个机会，带一些石头回家卖给他们？这些漂亮的小石头一定会大受欢迎的！"

于是，那段时间，我天天到海边捡石头，然后从中筛选出形状最奇特、花色最亮丽的。到了回家的那一天，我的背包里已经装满了石头。妈妈觉得很奇怪，问我捡那么多石头干什么，我笑了笑，什么也没说。

回到学校后，同学们看到了我的石头，都觉得十分新奇，围着我叽叽喳喳地问道："王思明，你从哪里弄来这么多好看的石头？""王思明，这个小石头我很喜欢，能跟你换吗？"我点点头，说："可以啊。""那用什么来换？"我想了想，说："什么都可以。"

于是，同学们拿来各种各样的东西，比如笔记本、橡皮、文具盒等，和我交换他们喜欢的小石头。石头的品相不同，卖的价格不同，换的东西自然也不一样。一天下来，我的课桌抽屉里就装满了文具。接下来的一整个学期，我都不用再买作业本和笔了。

进了体校之后，我也没有停止做生意。那时候，我们一个宿舍里住着几十个人，都是十来岁的小女孩，喜欢吃零食。于是，我就想到了卖零食。第一次，我到市场上称了一斤饼干，大的、方形的饼干卖五毛钱两块，小的、圆形的饼干卖五毛钱三块。来买的人络绎不绝，没两天，一斤饼干就全卖光了。最后一算，进价十八块钱的饼干，卖出了三十六块钱，整整赚了一倍。

很多人总是羞于谈钱，认为那很庸俗、很功利。但在我看来，赚钱并不是什么羞耻的事情，所谓“君子爱财，取之有道”，我们用自己的双手和头脑来赚钱，为我们所爱的人创造幸福的生活，难道不是一件值得骄傲的事情吗？

在我看来，一个人应该始终保持着对财富的追逐之心。对金钱的欲望能使我们充满动力，致富的目标能不断敦促我们奋勇向前，可行的计划又能引领我们在人生道路上稳步上升，让我们不断挖掘自身的潜力。假如把目标比作箭，欲望就是弓。有弓无箭，是徒有蛮劲，不懂计划部署，无的放矢，一生只会多劳而少成；有箭无弓，就是徒具理想，没有摧枯拉朽的精神，做白日梦，一生只会多言而少成。只有既有弓又有箭，才能实现最不可能实现的梦想。强烈的欲望能够激发我们前所未有的力量。我们的欲望越强烈，才能迸发出越大的潜力。

我们应该用强烈的成功意念去“磁化”我们的头脑，这个“磁化”的过程，会替我们吸引很多人与物的助力，去帮助我们实现梦想。当我们掌握了这一“金钱意识”的运用方法后，我们会自然而然地创造伟大的计划，去积聚丰裕的财富。

金钱固然是值得追求的，但有一点我们要牢牢记住：要做金钱的主人，而不是奴隶。有些人的钱只有两样用途：壮年时用来买饭吃，暮年时用来买药吃。当我们有了为钱付出一切的想法时，也就是我们远离快乐的时候。当我们为了赚钱买一辆豪华的小汽车、一幢宽敞的别墅而每天没日没夜地拼命工作，每天直到很晚才拖着疲惫的身体回到家里；为了获得涨工资的机会，不得不默默地忍受上司苛刻的指责，日复一日地赔尽笑脸；为了签更多的合同，年复一年地戴着面具强颜欢笑……最后回到家里的肯定是一个孤独苍白的自己，长此以往，终将不堪负荷，悲怆地倒在医院病床上。所以此时此刻，我们应该问问自己：金钱真的那么重要吗？

没钱是万万不行的，但有钱也不等于有了一切。如果把“获得金钱”等同于“问题已经解决”“我的生活很幸福”，那就大错特错了。如果事实真的是这样的话，有钱人应该是最不会有烦恼的人，他们不会有婚姻问题、健康隐患、人际障碍、事业压力……但是，事实真的是这样吗？不，我们看到，很多生活富足的人依然每天愁眉苦脸，甚至羡慕普通人的生活，因为金钱是买不来幸福的。

我们应该正确地对待金钱。物质并不是人生的终极目的，而是获得幸福感的中间媒介。如果让金钱成为我们的主人，它也会毫不客气地把我们当成奴隶，让我们付出健康、快乐，最后甚至两手空空。聪明的人应该做金钱的主人，掌控金钱，让它帮助我们，为我们工作，让它为我们带来快乐、健康和幸福。

思明对你说

我们的一生之中，要想获得财富之神的青睐，就必须养成良好的理财习惯。越早养成这个习惯，受益就会越大。

一个人如何对待金钱、使用金钱——包括获取金钱、储蓄金钱、花销金钱、使钱生钱，从某种程度上来说，可能是检测这个人的才智高低的最好方法之一。

对财富的渴求程度不同，带来的结果自然也是不同的。在竞争白热化的现代社会里，对致富机会的把握往往取决于一个人的感觉。时刻追求财富的人，往往更能捕捉到稍纵即逝的致富灵感，从而比别人捷足先登。

初中辍学，挑起养家重担

印度哲人奥修曾经说过：“你并不是一生下来就是一棵树，你一生下来只是一颗种子，你必须成长到你会开花的点，那个开花才是你的满足和达成。”开花结果虽然是一件令人无比喜悦的事情，然而，我们也必须认识到，成长本身是异常艰辛的，充满了泪水和汗水甚至鲜血。就像歌里唱的那样，“没有人能随随便便成功，不经历风雨，怎么见彩虹”。我的成长之路，也历经了无数风风雨雨。

因为受伤不得不从体校退学之后，我回到了镇上的小学继续读书。生活在经历了短暂的改变之后，又恢复了原本的模样。离开体校虽然令我感到非常失落，但没过多久，我的情绪就平复了，开始逐渐适应新的生活。

那时的我，活脱脱一个假小子的形象，理着板寸，一点儿也不像个女孩。不仅外表如此，就连我的性格和行事方式也颇有一些江湖气。如果有人敢欺负我们班的人，我就会组织其他人一起为他“报仇”。因为我很仗义，班上的同学们很快便和我打成了一片，还把我当成他们的“头儿”，凡事都会听我的。不管什么事情，只要我一声令下，他们马上响应。

时间如同流水一样，不停地向前流淌着，谁也无法阻止它的脚步。很快，我就上初一了。然而，就在这一年，我的生

活再次发生了改变。因为在老家生活难以为继，父母决定举家搬迁到大连，在海边做些小生意谋生。为了积攒做生意的本金，他们把老家的房子卖了，把地也租给了别人，做好了破釜沉舟的准备。

就这样，我们一家人带着东拼西凑的一万多块钱，辗转来到了大连。当初之所以搬家，是为了摆脱过去拮据的生活，给自己一个新的希望，没有想到的是，到了大连之后，压力反而更大了。

我们遇到的第一个问题是没有住的地方。我父母原本以为姥姥姥爷会收留我们，这样我们一家至少能有个落脚的地方。但到了大连之后，姥姥姥爷却变卦了。于是，我们只能到处找房子租住。因为时间仓促，再加上经济困难，最后租来的房子条件非常差。

那段颠沛流离的生活，让我感到非常不适应。虽然我小时候常常盼着妈妈带我到大连海边玩，可真的在这里安家之后，我却无比怀念我的老家。那段时间我每天晚上都会做梦，梦见我们回到了老家那个熟悉的小院。然而，醒来之后才意识到，那个温暖的窝已经被卖掉了，我们再也回不去了。一想到这一点，小小的我就忍不住泪流满面。

把家安顿下来之后，父母开始筹划未来的生计。就在这时，爸爸的病又使我们的生活雪上加霜。爸爸的身体有先天残疾，本来就非常虚弱，到了大连之后又因为着急上火得了脑血栓，这一来，身体就更差了，根本不能从事繁重的劳动。家里生活越来越困难，我不得不辍学回家，用稚嫩的肩膀挑起了家里的重担。那时我只有十几岁，我的同龄人都在父母温暖的怀抱里享受着百般宠爱，而我却只能接受残酷的现实，别无选择。

为了谋生，我们像当地人一样赶海捞海蜇。爸爸的腿有问题，不能下水，于是我就成了家里的干活主力，每天到海里与一群大人争抢海蜇头。

现在回忆起来，那时候真的很苦。涨潮的时候总是在半夜两三点钟，于是，我必须在半夜两点钟起床，穿上衩裤到海里去捞海蜇。海蜇可不会老老实实地等着你去捞，它们也会自卫、会攻击人。每次捞的时候，都要小心不要被海蜇蜇到，否则整个手、胳膊都会肿得像个大馒头，有时候甚至连眼皮都会被蜇肿。

捞海蜇的旺季是秋季，那时候的海水特别凉，尤其是半夜的海水，更是冰凉冰凉的。一下海，我都会忍不住打

好几个哆嗦。但即使海水再凉，也只能咬牙忍着。

现在的我再回过头看当时的我，会有些心疼那个坚强的小姑娘，更会为自己有这样一段经历而感到骄傲。在成长过程中，我渐渐懂得，人生是一个化茧成蝶的过程，每个生命的成长都需要经过一次蜕变的折磨，然后才能成长为更好的自己。苦难是人生的必经之路，是谁也无法拒绝的生命礼物。

在我眼中，苦难就像横亘在人们面前的一道坎儿，如果我们不敢跨越，那么苦难对我们来说就真的成了无法承受的重担了。但如果我们勇敢地跨越它，苦难就会成为上帝赐给我们的化了妆的福庇，因为人只有在身处逆境的时候，自身的潜力才会被彻底地激发出来，使我们获得前所未有的进步。我们可以忍受苦难，也可以战胜苦难，关键在于是否愿意点燃勇气和希望的灯。只要我们立志要摆脱苦难的纠缠，就一定能够渡过难关。要知道，天空虽然有时会密布乌云，但在乌云之上，永远充满阳光。

我常想，既然人生的路程注定了与苦难折磨是分不开的，那么，与其为此而哀号、抱怨，不如学着去接受苦难。在身处苦难之中的时候，不要一味地抱怨生活：为什么这样的事情会发生在我的身上？为什么我这么倒霉？这是毫无意义的。抱怨生活并不能改变我们的处境，只会浪费我们的时间。不如清醒地认识自己，看看怎样才能克服这种困难。

如果我们暂时没有能力改变自己的处境，那也不必气馁，要学着忍耐和坚持。虽然忍耐的过程是痛苦的，但这能够带给我们力量和好处。当我们把拳头收起来的时候，不是因为我们懦弱地失去了自我，而是因为我们要更好地蓄积力量，只有这样，将来有一天打出去的拳头才会更加有力。

当你面对苦难，感觉快要承受不了的时候，也要告诉自己：“再坚持一会儿。”想一想，这世界上有很多人都在经历着困难的折磨，有些人所受的苦难要比我们大得多，他们都能克服，为什么我们不能呢？人总要经过千锤百炼才能走向成熟，最重要的，是调整自己的心态。走出绝境，需要的是坚定而又执着的信念，不自我放弃、不自我否定。放弃自己的人，会被命运的网牢牢束缚，永远无法挣脱。而敢于向绝境发起挑战的人，才有可能守得云开见日出。

就这样，辛辛苦苦地干了一年，最后一算账，我们赚了七千多块钱。妈妈很满足，觉得赚到这么多钱已经很好了，但我知道，这些钱根本没法养活我们一家人。

为了赚到更多的钱补贴家里，每到封渔期，我就住到老姨家，给她打工。老姨家开了一个旅游工艺品商店，我在那里做售货员。除了卖货之外，我还要干各种各样的杂活，比如给她接送孩子、去早市买菜等。老姨不给我开工资，只是每隔几天就给我几块钱的零花钱，我把这些钱全攒下来给了爸妈。

没有正常收入，让我觉得这样的生活也不是长久之计。那段时间，我非常苦闷，我厌倦了这样毫无希望的生活，我开始向往外面的世界，想到更广阔的世界去闯荡一番。

俗话说，万事开头难。对我来说，也是如此。虽然心里怀着外出闯荡的愿望，但如何迈出第一步，却是摆在我面前的一个难以克服的难题。这时，我想起了我在大连市区工作的舅舅，想着或许他能帮我一把。于是我偷偷地跟舅舅联系，但电话总是打不通，怎么也联系不上他。我不死心，还是不停地给他打电话。我那时连手机都没有，只能买一张 IC 卡到公共电话亭打电话，有时在那里一站就是一天，多的时候一天给他打两三百个电话，对他进行电话“轰炸”。

就这样坚持了半个月，舅舅被我磨得没办法了，只好答应把我带到大连市区。接下来的几年，我一直在大连打工，过着非常艰苦但却很充实的生活，一直到 2006 年来北京。

十几岁独自闯社会，需要勇气。庆幸的是，在我身上最不缺的就是勇气。其实，谁都不是天生的勇者，每个人都有心存畏惧的时候，每个人都要面临各种艰难的挑战，区别就在于，当感到害怕、内心充满恐惧的时候，有的人怯懦了、退缩了，有的人却仍然一往无前。

在我看来，勇敢无惧是为自己设下的最坚韧的防护。在现实生活中，也许你被碰得头破血流，但只要你不害怕碰壁、失败、孤独、被人误解，并勇敢去闯，就一定能得

第二章

苦难是金，少年壮志不言愁

到生活的回报。即使跌倒了，爬起来依旧是一条好汉。

我的生活并不美好，说我年少时的经历充满苦难也毫不为过。尽管如此，我依然坚持认为，苦难是金，我感恩生活让我经历了这么多苦难。因为每个人的心底都有一朵盛开的小花，它因执着而绽放，因磨砺而鲜艳，因坚强而美丽。每一次历练都是经验的累积，每一次磨难都是一种宝贵的人生体验，都是一个跳动的生命音符。

人的一生不可能只有成功的喜悦，却从不经受苦难的痛苦。一个人如果在失望与绝望中也能看到希望，抓住希望，那他离成功就会越来越近。

困难和坎坷是人生的一种另类的“馈赠”，它能使我们的思想更清醒、更深刻、更成熟、更完美。

如果你始终面对着太阳，阴影就会永远被你甩在身后。如果你经常乐观地看待人生，幸福之门终有一天会为你打开。人生总是在幸运与不幸、沉与浮、光明与黑暗的交替中前行。既然无法改变环境，不妨用乐观的心态去生活。

Chapter 3

北漂十年，青春就是奋斗

>>

独闯北京，为自己打开一扇窗

2006 年 7 月 11 日，是一个令我终生难忘的日子，那是我人生的转折点。

那天凌晨，我坐在飞驰的火车上，愣愣地看着外面一闪而过的路灯、杨树发呆。我的心中充满忐忑，因为我不知道未来迎接我的将会是怎样的生活。

我的目的地是北京，一个充满希望、遍地都是机会的城市。我不知道这个城市会张开怀抱欢迎我，还是会给我一个下马威，一切都是未知的。

生命中总是会有许多已知与未知，我们不可能把握未来所有的一切。但是，正如那句名言所说的：你不能控制人生的长度，却能控制人生的宽度；你不能控制天气的好坏，却能控制自己的心情；你不能选择自己的容貌，却能展示自己的笑容；你不能改变他人，却能改变自己；你不能预知明天，却能把握今天。唯有坦然地面对未知的生活，我们才会拥有活下去的勇气和动力。

生活永远是一个未知数，而这正是生活的奇妙之处。你不知道未来会有什么在等着你，也不知道自己的一生会怎样度过，也正因为如此，未来才充满无限可能。坐在火车上的我，从来都没有想到，今天的我会成为这样一个我。那时我唯一确定的，就是要坦然地面对未知的生活。我知道，只有这样，我才能收获人生的精彩。

那时的我对北京一无所知。坐在我旁边的人问我去北京干什么，我告诉他："我要去打工。"他很惊讶："有人接应你吗？"我摇摇头。"那你找好工作了吗？"我摇摇头。"那你住哪里？"我还是摇摇头。他叹了一口气，说道："你就这么两眼一抹黑地来了？你可真是大胆！"

我赶紧向他打听北京哪里租房子便宜。他告诉我："要想找租金少的住处，要么跟人合租，要么就住地下室。"我想都没想就说："哪个便宜就租哪个。"他说："那你就租地下室吧，那肯定更便宜。"他还指点我，让我到北

京方庄附近租房子，那里地下室多。听了他的话，我高兴极了，毕竟，对于兜里只揣着800块钱的我来说，能省一分是一分。

早上6点38分，火车缓缓地驶入了北京站，一个繁华又繁忙的北京，鲜活地展现在了我的面前，令我惊叹不已。站在过街天桥上，看着车水马龙，看着人山人海，看着高楼大厦，我深深地呼出一口气："北京，我来了！"我想，未来我一定要有一辆属于自己的车，要有一套属于自己的房子，过上自己想要的生活！

出站之后，我按照火车上那个人的指点，坐公交车去了丰台方庄。公交车站附近有个卖煎饼果子的小摊，我走过去问："师傅，您知道哪里有租房子的地方吗？"那个师傅抬头看看我，放下手里的活计，非常热心地告诉我怎么走。在他的指点下，我租到了一个位于地下三层的小单间。

那个单间很小，小得就像一个火柴盒，摆上一张单人床就几乎没有什么空间了，一进门就等于上床。唯一的优点是便宜，一个月只要260块钱。那是我在北京的第一个"家"，无论如何，我总算暂时在北京落了脚，这已经令我非常满足了。

解了燃眉之急后，接下来要做的事情就是找工作了。我之前在大连的时候有过美容行业的从业经验，所以，我想继续干这一行。对我来说，这几乎是唯一的选择了，毕竟，我没有学历。第二天，我找到房东，向他打听哪里有化妆品店在招工。房东告诉我，小区里就有好几个化妆品店。

我在小区里找了找，正好看到有一家化妆品店外面贴着招聘启事。这家化妆品店需要的是销售员，老板觉得我口才不错，于是决定留下我。就这样，我幸运地得到了在北京的第一份工作。

独自一人闯荡北京，我为自己打开了一扇窗。我满心期待着，从这扇窗里，能看到很美的风景。我相信，只要我肯努力，生活是一定不会辜负我的。

机遇不会从天而降，需要自己去争取，去创造。如果你背着双手，一动不动，机遇只能落到地上。守株待兔最多只能得来一只兔子，只有积极地准备，才能抓到成百上千只兔子。

总在窝里的鹰永远体验不到在高空自由翱翔的快意。要想做到自立自强，就要离开“窝”，要对自己有一股狠劲儿，要逼着自己经历风吹雨打，在艰苦的磨炼中逐渐成长。

梦想与空想之间往往只有一步之差。往前一步是梦想，退后一步则是空想。区别只在于，你是否真正行动起来，为实现你的梦想而努力了。

化妆品店里的“异类”

我对化妆品店的工作驾轻就熟，很快就适应了新的工作。因为早在大连的时候，我就曾经用了三个月的时间，把店里销售的所有产品的成分表和适用人群背了下来。当初积攒的知识和经验，现在全都派上了用场。

现在很多人走进化妆品店都会有这样一个感受：一进门，就会有人向你不停地推销产品；选购时，又会有人喋喋不休地向你推销产品；临出门了，还有人不甘心地继续推销产品；直到你走远了，他们可能还在说……让人烦不胜烦。这是很多美容产品销售员惯用的推销方式，我的销售方式与她们大不相同。

我从来不会滔滔不绝地向客户兜售产品，因为我知道，客户来店里，或许只是想简简单单地做个保湿，或许只是因为平时工作太劳累，想来做个保养，休息一下。总而言之，她们最需要的是安静。如果销售员总是喋喋不休、聒噪不已，只会令人心生反感。所以，我的客户每次都会感谢我给她们创造了一个安静的空间，并且主动告诉我她们有什么需求。到那时，我再对症下药地为她们推荐合适的产品，她们很容易就会接受。

因为捕捉到了客户的心理需求，客户对我的推销总是乐于买单，所以我的销售业绩节节攀高。短短几个月后，我就成了全化妆品店提成最多的销售员。

化妆品店的工作氛围总是充满了浮躁和虚荣。因为女孩都喜欢攀比，总是爱关注谁穿了什么品牌的衣服、谁理了什么发型、谁又买了一个新包……很多原本淳朴善良的人进入这种环境之后，渐渐地也会“近墨者黑”，变成一个虚荣、浮躁的人。

但我不想成为这样的人。虚荣心会腐蚀一个人的心灵，让我们的心灵变质。虚荣心太强的人，往往会非常容易受到蛊惑，甚至不能把握自己，走向一个虚幻的世界。虚荣浮华，纸醉金迷，光怪陆离，对诱惑的屈服直接导致的就是不同程度的堕落。这种诱惑能够考验人们的意志力，只要你向它屈服了一次，抵制诱惑的能力就会变得越来越薄弱。

那些虚荣的人不懂得为自己而活的真谛，他们总是活在别人的眼睛里，过分重视他人对自己的评价，为了维系自己在他人眼中的完美形象而一步步丧失自我。一旦获得他人的积极评价，他们就会精神振奋，干劲十足。但如果他人对自己给予否定、消极的评价，他们就会垂头丧气，觉得自己一无是处，没脸见人。其实，这完全没有必要。生活是我们自己的，我们应该为自己而活。不要太理会别人对自己的看法，多多关注自己那颗需要关注的内心。

所以，在别人互相攀比的时候，我从不参与。我希望尽自己最大的努力，保持自己内心的平静。

我一直认为，内心的平静与淡定，是我所拥有的最大财富。每个人都希望拥有幸福、快乐的生活，然而，幸福快乐是心灵的一种感悟，它与财富是无关的，与内心息息相关。人生最美好的境界是，不管是否拥有丰富的物质，但内心始终保持自由与安宁。

平静，是内心对幸福的简单化，去除了一切物质和外界的干扰，只保留快乐的源泉。“采菊东篱下，悠然见南山”，是一种平静；“不以物喜，不以己悲”，是一种平静；“宠辱不惊，闲看庭前花开花落；去留无意，漫随天外云卷云舒”，更是一种平静。

让心保持平静，不是说就要安于现状、不思进取、目空一切，它是经历了岁月洗礼后的沉稳含蓄，是对功名利禄的看淡、看轻，会使我们少一分执拗，多一份稳重，会使我们活得更加潇洒、更加自由。

内心平静的人崇尚的是简单、单纯的生活，不追求抛头露面的浮华，心中更多的是对人生、对生命的宽容、善待和心灵的清净。他们愿意为生活而积极努力，绝不轻易妥协，但也不忘乎所以。因为他们知道，人生是一个不断奋斗的过程，也是一个随缘的过程。所以，他们简单地活着，用善良和坦荡的心情去品味人生的酸甜苦辣，享受人生的乐趣。

内心平静的人不会让自己身陷世事的牵累中，他们懂得忙里偷闲的快乐，懂得用自由来滋养自己，用快乐的感受来呵护心灵，呈现出来的是没有伪饰的笑容，是优雅得体的谈吐，是高雅大方的气质，是深厚的内涵。即使身处江湖之中，也不忘以宽厚示人，修炼淡然的心态、健康的心智。

内心平静的人懂得笑看人生、笑看世界。虽然他们也曾经品尝过世态炎凉，也曾在不知不觉中遗失了年轻时的梦，然而，在人生路上，他们仍然会以一种快乐、不受约束的姿态勇往直前，把欢乐和笑声留给别人。

内心平静的人如同一幅自然、隽秀的山水画。不管外界如何变幻莫测、风起云涌，他们的内心总是保持着一派波澜不惊、安详宁静的意境。

总有人问我，怎样才能让心始终保持平静？我的答案非常简单：

让内心保持平静，在于保持淡然、潇洒的心态。在旅行的时候，我们常常能够忘记一切是非恩怨，忘却自己的社会角色，以一种悠闲的态度尽情欣赏美景、享受悠闲的生活，一无所虑而满心欢喜。这就告诉我们，如果在现实生活中，在普普通通的工作中，我们也能够保持这种“尽情享受人生”的轻松心态，去追求生命的自然简约，就可以拥有难得的自由之心。

让内心保持平静，在于学会自我感悟，感悟人生之美，感悟生命之乐。懂得敞开自己的心扉，真诚地观察、体会、感悟身边的人和事，同样也是一种快乐。感悟也是一种智慧，有的人看到生活处处是孤独，也有的人感觉生命中充满了美好；有人把失意当成一种绝境，也有人觉得失意只是生活的一种调适，只要熬过去之后就是晴天……不同的感悟获得不同的人生，关键在于我们用什么样的感悟去对待生活。

让内心保持平静，最重要的是适时释放自己内心积聚

的压力。“释放”二字，无非能帮助我们把事情看得简单一点，把问题看得单纯一点。不要带着压力做事，更不要带着情绪做事，这是拥有平静心灵的基本素质。只有轻松地拥抱生活，才会发现人生的美！

保持内心的平静并不意味着不思进取。平静指的是人们能够在任何荣辱、任何变故面前都保持一颗淡定的心，在这种心境中坚持自己的原则，遇到问题冷静分析，不因外界的变化而动摇。

淡定能使人从愤怒到宁静，从悲伤到快乐，从焦虑到自信。有了这样的心态，我们在生活中才会始终处之泰然，宠辱不惊，不会太过兴奋而忘乎所以，也不会太过悲伤而痛不欲生。

人的心境是否保持平和、情绪是否始终快乐如一，与心态有着巨大的关系。只有拥有平常心的人，才能做到不为世俗所媚，不为流行所扰，不为名利所累，不为浮华所惑，从而以最淡泊的心态来面对人生的风风雨雨。

重进校园，圆我求学梦

生活就这样按部就班地进行着，身边的同事如同走马灯一样，换了一批又一批，我却始终专注于自己的工作。在我看来，最重要的事情，就是做好当下。

我们无法回到过去，也不可能预测未来，我们能够把握的只有当下。一个又一个的“当下”和“今天”，串成了生命，所谓的人生就是活在当下。只有珍惜当下、活在当下，才能真正从容地面对人生、享受人生，才能把所有的精力积聚在这一刻，全身心地投入。

正因为我对工作的高度专注和投入，我的销售业绩在整个化妆品店一直是一马当先，无可匹敌。但我并没有因此而停止前进，我一直在为自己的未来做着打算。

我平时接触最多的是我的客户，从这些客户身上，我学到了很多东西。这些客户里有一位师范大学的教授，在为她做美容的时候，我经常会好奇地问她一些关于学校的事情。我虽然只读到初中就不得不辍学了，但在内心深处，我一直对学校生活抱有一份向往和憧憬。我甚至幻想着有一天，自己能够重新回到校园，当一个无忧无虑的学生，学习知识、充实自己。

那位教授看我对学校这么感兴趣，也十分乐于向我分享她的工作。通过她的讲述，我了解到了更多学校生活的丰富多彩。渐渐地，我的心开始蠢蠢欲动。有一次，我忍不住问她："您看我现在去考成人大学怎么样？"

她惊奇地看着我："当然可以，没想到你这么好学！我可以帮你推荐一些学校，也可以给你一些建议。"

我高兴极了，连声向她道谢。

接下来，她就给我列了一份详细的书单，让我平时多看一些书。我拿着那份书单，如获至宝，下班后马上就去书店买了回来。于是，业余时间、工作不忙的时候，我都埋头在书海里。由于书中经常有我不认识的字，我就随身带了一本新华字典。

过去上体校，几乎每天都处于训练、比赛的状态，即使我再努力，在文化课学习上也可以说是缺失的。所以我知道，以我当时的水平，是肯定考不上成人大学的。为了实现自己的梦想，除了多看书之外，我还利用晚上的时间上夜大。那时，身边的很多小女孩一心想的都是打扮自己、出去玩，但我满心想的却是给自己“充电”，丰富自己的学识。

一边打工一边学习，真的很苦很累。但是为了能圆我的求学梦，我一直努力坚持着。

我的英语很差，在考成人大学选择专业的时候，我问招生的老师：“哪个专业不用考英语？”他告诉我：“艺术系不需要考英语。”我又问：“艺术系哪方面的工作有未来？”老师想了想，说道：“你想当设计师吗？设计衣服的设计师，前途很不错。”

老师的这句话打动了我，我当即决定报考这个专业。那时，我从来都没想到，这个决定将会彻底改变我未来的道路。

2008 年，一年的辛勤耕耘终于得到了丰厚的回报——我考上了北京市崇文区职工大学。

拿到录取通知书的那天，我的心中充满了喜悦。走在路上，感觉天是那么蓝，阳光是那么灿烂！是的，人生因梦而美，梦想实现的滋味是那么甜美。

至今我仍然感谢当初那个为梦想努力奋斗的自己。这段经历也让我明白，真正能把梦想变成现实的只有那些立即行动的人，我们要想成就事业，就不要只生活在梦想里，而要努力行动，一分耕耘，一分收获，梦想终究会实现。

每个人都希望成为人人艳羡的成功者，但是，并不是谁都能如愿以偿。在很多人看来，从普通人到优秀者之间有一条巨大的鸿沟，不论自己多么努力，也始终跨越不过去。这条鸿沟就是知识的欠缺。知识用时方恨少，这是我的一个切身体会，所以我才会不断地学习、不断地充实自己。这之后，我又考入了中国人民大学企业管理专业，继续深造。

随着科技发展的突飞猛进，知识正在以爆炸般的速度递增，网络信息技术更是日益火热，只有天天学习、日日进步，养成终身学习的良好习惯，我们才能跟上时代的步伐，才能在生活中和创业时得心应手。

人们常常把学习称作“充电”，这个比喻真的非常形象。假如一个人停止学习，不及时“充电”，那他很快就会失去能量，被飞速发展的时代所抛弃。所以，作为现代人，我们时刻都要给自己“充电”，只有随时充实自己、为自己奠定雄厚基础，才能在激烈的竞争中生存下去。

不断地学习，比其他人学习得更快、获得的知识更多，这是我的一个优势，有了这个优势，面对服装市场你死我活的竞争时，我才拥有了足够的自信。

当然，我们还必须明白一个道理，学习不是一时的心血来潮，更不应该“三天打鱼，两天晒网”！学习是一辈子的事情，活到老，学到老，我们的源头才能始终有活水来。因此，要把学习当成一种必须坚持的习惯，更要建立终身学习的观念。不论何时都不能懈怠，都要始终保持好学、进取的求知欲。学习没有止境，永远有新鲜的知识在等着我们去了解、去掌握。

更重要的是，我们要明白，学习的最终目的不是掌握知识，而是要把知识应用于实践中，使我们的事业得到更好的发展。如果不把学习与实践结合起来，那么，学习就是毫无意义的。我们要把知识转化为生产力，创造更高的收益。

我深切地感受到了学习带给我的好处和快乐，所以，我也愿意把自己的知识分享给别人。2016 年 3 月 19 日，我受聘成为北京大学创业训练营大连基地的导师，北京大学为我颁发了训练营导师聘书。在训练营，我同北大的学生分享了我创业以来的点点滴滴。看着讲台下一张张认真听讲、求知若渴的面孔，我的心中充满了喜悦。我很欣慰，我把学习带给我的快乐传递给了更多的人！

只要你愿意付出行动、愿意为之努力，即使是那些在别人看来如同空想、不切实际的愿望，也有可能得到实现。

为了实现梦想，我们必须集中全部力量，包括脑力、时间、精力、物力、财力等一切我们所拥有的并且可以调动的“能量”，千方百计、千辛万苦地为实现目标而努力。

很多能力不是天生就有的，我们要通过学习才能达到。因此，如果你想在企业中负责更大的项目，管理更大的团队，创造更高的业绩，领取更高的薪水，你一定要学习更多的技能。学习是一切结果的前提。

从瑜伽到高尔夫，干一行爱一行

“贵人相扶如天助”，在人生的旅程中，如果能遇到一个贵人，那真是一件幸运的事。我曾经遇到过两个贵人，引领我走上了两条我非常热爱的职业道路。

第一个贵人是一位瑜伽老师。她来化妆品店做美容，我们在闲聊中说起了她的老本行。她听说我以前是运动员以后，仔细打量了我一番，对我说：“思明，我觉得你非常适合练瑜伽，你的身体素质很不错，是个练瑜伽的好苗子。而且练瑜伽能够提升你的气质，让你变得更有魅力。”

我以前从来没有接触过瑜伽，听她这么说，我很好奇：“我真的可以吗？”

她点点头，说："你相信我，我看人一向很准的。我建议你去学习一下。"

她的建议让我动了心。那时我一直在考虑自己以后的发展，美容这一行已经令我感到有些厌倦了，原因是多方面的：一是这个行业的大环境极其浮躁和虚荣，身处其中难免会受到熏染，令我心生厌烦；二是这一行没有未来，得不到可持续的发展，与其困守，不如及早寻找出路。

于是，经过慎重的考虑之后，我决定辞掉工作，到北京国际瑜伽学院学习瑜伽。经过两个月的封闭式训练，我顺利地拿到了瑜伽教练证。

拿到教练证后，我一直在想：是找一份瑜伽老师的工作，还是干脆自己开小班授课？当时与我一起学习的同学都选择了前者，但我想来想去，觉得还是自己创业更好。于是，我在方庄花了 2600 块钱租了一间小公寓，把它装修成瑜伽训练馆，开了一个小班。

自己开小班，最难的是招生。为了解决这个问题，我采取了最原始的方法——到小区里发传单。这一招虽然原始，但是非常有效。很快就有一些人给我打电话，想到我这里来学瑜伽。最开始，虽然每次开班的学员并不多，但

足以维持我的正常生活，这已经令我非常满意了。

就在教授瑜伽课的过程中，我又遇到了第二个贵人。这个人是我的瑜伽会员，他在一家公司做高尔夫培训教练。他了解到我的经历后，对我说："你小时候当过运动员，又练过瑜伽，身体条件很好，而且你还有这么好的耐性，为什么不尝试打高尔夫？练得好的话，以后还可以打职业比赛。"

我笑了笑，说："打职业比赛哪是那么容易的事情？那么多人练高尔夫，有几个真正能练出来的？"

他说："你不用有顾虑。即使你以后打不了职业比赛，也可以当个高尔夫球教练，这不比你当瑜伽教练更有发展吗？"

我想了想，觉得他说的很有道理。于是，在他的推荐下，我进了那家公司开始进行高尔夫训练。到2009年，我已经正式开始打球了。

打高尔夫并不如看起来那么轻松惬意，实际上是一件很苦的事情。我每天早上五点钟就要起床，坐两三个小时的车到位于四季青桥的高尔夫球场练球。夏天天气炎热，晒得满头大汗。到了冬天，北风呼啸，又会冻得直打哆嗦。为了达到训练效果，我每天少的时候要打一千三四百个球，多的时候要打一千六七百个球。但再苦再累，也挡不住我对这项运动的热情。

经过一年半的苦练，我顺利成为李宁签约的高尔夫球员。

瑜伽和高尔夫，都是我非常感兴趣的运动。正是在这种兴趣的促使下，我的热情才被彻底激发了出来，才能在很短的时间里完成训练。对我来说，兴趣很重要。在生活中我常看到，很多人的生活看似非常忙碌，但是不管是付出还是收获，都无法给他们带来满足和快乐。这是因为，他们的忙碌完全是建立在需要的基础之上。也就是说，他们完全是被自己的欲望左右的。一方面，人的欲望是很多的，永远都没有满足的时候，所以即使再努力也很难看到效果，缺乏成就感；另一方面，在忙碌中，很多事情都成了一种机械式的操作，也就慢慢失去了热情，更谈不上什么兴趣了。最后就变成了忙碌着，但是难受着。很多人的坏情绪也是由此而来。

我想，如果他们从事的是自己感兴趣的事情，那么他们一定会像我一样充满热情，也会调动起全身的积极细胞，全身心地投入其中，并感受到充足的快乐，即使失败也不会感觉遗憾。

在我看来，兴趣不只是人们对某件事物所表现出来的一种表面的关心，更是一种发自内心的关注。任何一种兴趣，都是因为获得这方面的知识或者参与这种活动能够使人体验到一种情绪上的满足感而产生的。比如，如果一个人对跳舞有浓厚的兴趣，他就会主动地、积极地寻找一切能够参与到跳舞这项活动中去的机会，而且在跳舞的时候会感到由衷的愉悦、快乐，这种愉悦感又会驱动他对跳舞

表现出更多的关注和喜爱。兴趣对人的一生有着巨大的影响，有的时候，兴趣甚至可能会成为人的精神支柱。在这种支柱的支配下，人们会感到生活充满希望，世界无比美好。我在打高尔夫的时候就是这样，总是会觉得心情十分舒畅。

从瑜伽到高尔夫，我一直是干一行爱一行。既然我选择了这个职业，我就会付出 100% 的努力。因为我知道，如果不能把自己的全部身心都投入到自己的事业和工作中去，那么不论你从事哪个职业，最终都只能沦为平庸之辈，在平平淡淡中过完自己的一生。

我们人生的一大半时间都要用于工作，如果我们缺乏对工作的激情，工作就会变成无休无止的苦役。就像加缪所描写的古希腊神话中的西西弗斯的境遇一样：西西弗斯触犯了众神，为了惩罚他，众神要求他把一块巨石推上山顶，但是因为那块巨石实在是太重了，每次还没等被推到山顶上就又滚下山去，使西西弗斯前功尽弃，只能不断重复、永无止境地做这件事——诸神认为再也没有比进行这种无效无望的劳动更为严厉的惩罚了。

在热爱工作、愿意付出热情的人眼里，工作不只是谋生的手段，更是一项神圣的天职。他们对自己的工作始终怀着深切的兴趣，不管在工作中遇到什么样的困难，他们都会始终如一地去努力、去克服。只要抱着这种态度，任何人都会达到目标。对工作抱有热情是一切希望成功的人——不论是艺术家，还是销售员，还是房地产中介——都必须具备的条件。

当然，就对工作的热爱来说，不同人之间也存在着程度上的差别。几乎每个人都会有热情，然而用于工作、事业上，每个人的热情却又有大小之分和能否持久之分——极大的热情与一般的热情是不同的，终生拼搏与“三分钟热度”也完全不是一回事。要想成就多大的事业，就要点燃

多大的热情。

我希望每个人都像我一样，在内心点燃热情之火，对生活、对别人、对未来充满热情，如果能做到这一点，成功与致富的机遇一定会降临！

思明对你说

每个人都希望获得世界上最大的奖赏，然而，真正得到奖赏的人，必须像最艰辛的拓荒者一样，把自己的梦想全都转化为创造和进取的热情，竭尽所能地发展和销售自己的才能。

兴趣能够引爆你体内的巨大潜能，使你不断获得成长和进步，成为一个更完美的自己。如果你能激发出这种生命之火，你就能成就你所期望的一切东西。

有志者在追求成功的过程中，总是心怀极大而持久的热情，并在这种热情的鼓舞之下付出自己最大的努力，所以他们能够获得成功的青睐。如果我们对自己的事业也倾注极大而持久的热情，等待着我们的也会是成功。

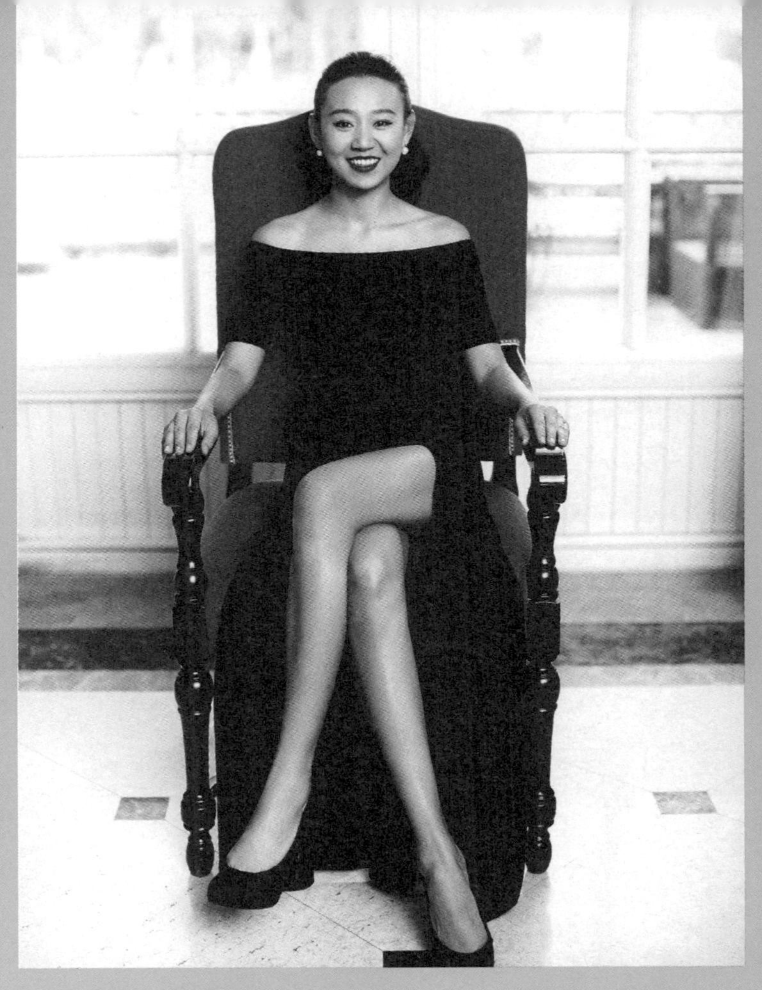

Chapter 4

一条小黑裙引发的奇迹

灵感迸发在一瞬间

2015年的夏天，骄阳似火，整个北京都笼罩在一片无处躲避的酷热之中，就连柏油马路都快被烤化了。就在这样的酷暑里，我每天还要顶着大大的太阳到北京服装学院上课。因为对服装设计的热爱，这年5月，我报名参加了北京服装学院的一个服装设计班。

开学第一天的第一堂课，当授课老师用PPT展示出一条又一条经典小黑裙的时候，我的眼前顿时一亮，很久以前的一些记忆在那一瞬间突然出现在了我的脑海里。

还记得在我上小学二年级的时候，做衣服就是我的一个梦想。有一次，妈妈出门办事了，家里只剩下我自己一个人，我无聊之余想找点事做。这时，我看到了妈妈的格子衬衫，灵机一动：这件衬衫做成裙子一定很好看！说做就做，我马上动起手来，经过一番剪剪缝缝，那件原本样式有些古板的衬衫一下子被我改造成了一条新颖别致的吊带裙。

看着自己辛辛苦苦做出来的新裙子，我高兴极了，马上穿着跑出去玩儿。邻居阿姨看到我的裙子，对我说："思明，这是你的新裙子啊？在哪里买的？我也要给我家女儿买一条一模一样的。"

我抬起头来，骄傲地说道："这不是买的，是我自己改的！"

阿姨很惊讶，说："这孩子真棒！"

那段时间，我一直穿着自己改造的裙子，那是当时全校最好看的衣服，同学们都特别羡慕我。有一些女同学很喜欢，跑来问我是从哪里买的，在知道是我自己改的之后，她们震惊得嘴都合不拢了。

从那时起，我就爱上了做衣服，甚至还幻想着有一天能让所有人都穿上我做的衣服。

在为了生活而奔波忙碌的这些年里，这个梦想一度被我忘到了脑后。然而，就在这一天，我的人生记忆一下子被激活了。

讲台上，老师娓娓讲述着小黑裙的历史和背后的文化，我却只是望着他背后的那条优雅而又别致的小黑裙发呆。我觉得，这就是我想要的裙子，这就是我想要的事业，就是它！

我记得很清楚，当时是5月6日16点38分，因为就在那一刻，我找到了自己将经营一生的事业。那天还没等到下课，我就申请注册了北京小黑裙国际文化传播有限公司。

说到这里，有一件事不得不提，那就是小黑裙的前世今生。这也是我如此疯狂热爱小黑裙的根源。

有人曾经说过，如果你的衣柜里没有一条连衣裙，就代表你不是一个真正懂得生活的女人。只有连衣裙，才能显示出女人的温柔曲线。连衣裙在各种款式造型中被誉为“款式皇后”，是变化莫测、种类最多、最受青睐的款式。而在千姿百态的连衣裙中，有一款连衣裙流行了近百年，始终在时尚圈引领风潮，它就是著名的“小黑裙”（Little Black Dress，通常缩写为LBD）。小黑裙的美丽在于它

真的对女性意味着一切。女人喜欢穿小黑裙，男人喜欢看女人穿小黑裙。在一些特殊场合，没有什么着装比小黑裙更迷人了。

1926 年，著名服装设计师可可·香奈儿女士第一次发布了小黑裙。虽然自维多利亚时期开始，黑色就代表着哀悼，是葬礼专用。然而，可可·香奈儿却无视这些陈规旧律，把黑色带进了日常着装和时尚界。可可·香奈儿认为黑色与白色一样，凝聚了所有色彩的精髓。它们代表着绝对的美感，能展现出完美的和谐。

虽然在这款小黑裙之前，时尚界也有黑裙，但香奈儿创造的款式和廓型是前所未有的。香奈儿说："我常说黑色包容一切，白色亦然。它们的美无懈可击，绝对和谐。在舞会上，身穿黑色或白色的女子永远都是焦点。"她设计的这款小黑裙摒弃了当时花花绿绿、繁复累赘的女装流行，卸去了战前的大帽、窄裙摆和极致的装饰，长至膝盖，带着几分帅气的纤细，而且，它所需要的配饰也是越少越好。更值得称道的是，小黑裙在面料、设计细节与制作技巧上不断求新求变，总是站在时尚的最前端。

这款专门为上流社会女性创作的时尚杰作，简洁而奢华，成功地塑造了亦刚亦柔的独特女性气质。它甫一面世就引来了无数女性的追捧。她们很快就发现，小黑裙谁都能穿得好看，尤其对那些想要造型更加妩媚的人来说，小黑裙能使她们更婀娜。同样，小黑裙也让无法一天内更换两三套服饰的新时代女性有了相当可行的选择。

虽然小黑裙也曾经得到了一些恶评，比如有些设计师

甚至认为它“营养不良”，但越来越多的人还是把它纳入了自己的衣橱。当时，知名时尚杂志《VOGUE》还以美国最好卖的福特汽车命名它为“Ford Dress”，并预测小黑裙能成为“迎合所有女人口味的制服”。

在时装史的众多转折点上，小黑裙不断地被重新演绎。

20世纪50年代，在影片《夜阑人未静》中，玛丽莲·梦露穿着一字肩小黑裙，裸露着迷人香肩，令人一见难忘。这位美丽的女性，成为第一位赋予小黑裙“性感气质”的女人。

1961年，在电影《蒂凡尼的早餐》里，当时还只是时尚界新面孔的奥黛丽·赫本穿着一袭小黑裙、戴着黑色长手套、佩戴Tiffany珍珠项链、挽着高高的发髻、手捧咖啡和牛角面包优雅亮相，这经典的一幕为小黑裙奠定了“历史地位”，也令这款小黑裙的设计者纪梵希一炮而红。

1994年，当时名不见经传的伊丽莎白·赫莉，跟随她当时的男朋友休·格兰特出席电影《四个婚礼和一个葬礼》首映式，那天晚上，她穿着一袭范思哲设计的黑色别针型晚礼服，这条“别针裙”即使在现在来看也算得上前卫大胆：前胸的深V设计和完全敞开的一侧仅靠金色曲别针勾连。小黑裙上的不对称设计和高开衩让伊丽莎白·赫莉的美好身材全然显现，使她在当晚艳惊四座，从此开启了她辉煌的事业生涯。

同年，戴安娜王妃所穿的由希腊设计师克里斯蒂娜·斯坦博利安设计的露肩小黑裙，再度展现了小黑裙的独特魅力。当时正值查尔斯与卡米拉的偷情关系被披露，皇室绯闻铺天盖地，出席伦敦蛇形画廊派对的戴安娜，穿上了这条露肩黑色雪纺晚装。那晚戴安娜无所顾忌地展露自己的身材曲线和迷人笑容，来回击丈夫出轨的丑闻，同时也再一次诠释了高贵优雅的新内涵。

……

我一直在想，小黑裙的魅力究竟在哪里？或许，它的美就在于亲民。从一开始，小黑裙就没打算讨好那些身材令人羡慕的女人们，她们在任何一个时代都可以轻而易举地成为男性追捧的中心。而不曾拥有这种身材的女人们，却经常被人无视。小黑裙适合任何身材的女性，穿着它的人们都可以尽情地展现自己的魅力。

它的美还在于精致自我。一款剪裁得体、设计美观的小黑裙，总能帮助女人们成功塑造美妙的造型。百搭易穿、永不失手的小黑裙，无疑是不擅搭配者最好的选择，能够使穿着它的人迅速成为人群的焦点。

它的美还在于简约大方。就像某位明星说的那样："一件黑礼服能穿 30 年——如果一直合身的话！你可以平时穿，也可以去参加奥斯卡颁奖，也可以给你 16 岁的外甥女穿，配上人字拖，和一件小高领羊毛衫！光着胳膊，光着腿，如果你要显得更有吸引力的话。多数时候是需要配高跟鞋的！"

我爱小黑裙，事实上，又有谁能不爱小黑裙呢？正是出于这种热爱，我创立了 SOIREE 奢瑞小黑裙。而你们，也请为自己挑选一条小黑裙吧！用小黑裙让你闪耀起来！

机会常常是难以察觉的，它不会自己跑来敲响你家的门，也不会大喊大叫把你惊醒。我们必须耐心地捕捉它，才能得到它，成就自己的一番事业。

拿破仑曾经说过这样一句名言：“不想当将军的士兵，不是好士兵。”一个人要想成功，必须拥有野心。如果在工作、学习上没有足够的野心，成大事的机会就不会青睐于你。

人生如棋，要想赢得这盘棋，最为关键的一点在于，要给自己建立起生命的大格局。如果你的格局太小，你就会被它所限制，无法扩展自己的疆界。只有格局大了，未来的路才会更宽广，事业才会做得更大更强。

奢瑞小黑裙是怎样诞生的

在注册了商标之后，我告诉老师：“我想卖小黑裙。”老师一听，马上愣了，对我说：“这事不靠谱，肯定没人买的。”

可是，想到就要做到，这就是我。

2015 年 6 月 27 日，我的项目正式启动：做一个互联网平台，只做小黑裙。

我给我的品牌取名为“SOIRÉE”，在法语里，“SOIRÉE”代表着夜晚和美好。我希望，小黑裙能给穿着它的女性带来自信和力量，让她们变得更加美好、优雅。

我的合伙人夏景杰老师，在服装设计这个行业里已经

摸爬滚打了三十多年，拥有丰富的设计经验和广泛的人脉。他有很多学生、朋友、同学都是服装设计师，而且其中有很多已经成为国内外知名的独立服装设计师及跨界设计师。跑面料、画图、打板、推板、制衣、定品牌、订商标，这一系列流程这些独立设计师全会。我们邀请他们参与进来，至今已签约了一百多名。为了让设计师们在参与项目时能全心全意地投入，我还把销售额按一定的百分比让利给设计师，让他们能够真正享受到设计带来的利益。这种模式使得设计师们源源不断地送来他们的设计，就连当初说我不靠谱的那个老师，每周都会拿着新设计的款型来找我合作。

这些设计师将自己的设计理念与生活感悟融合在一

起，每人设计了一款以自己的名字命名的小黑裙。他们以创造艺术品的完美理念打造每一条小黑裙，以确保小黑裙的经典品质——让每一条小黑裙都拥有灵魂，让每一条小黑裙从设计师开始就有故事。

我们围绕 20 ~ 40 岁泛职业女性群体日常穿衣场景，推出休闲款、运动款、礼服款等不同类型的小黑裙商品，所有奢瑞小黑裙定价都在 299 ~ 599 元，即便是礼服，价格也不过千元。相比之前价格动辄上万的小黑裙，这个价位是任何一个女人闭着眼睛都可以够得着的时尚。

虽然这是我第一次涉足服装行业，但是我始终坚信，SOIREE 奢瑞小黑裙一定会赢得无数爱美女性的心，因为它精准地抓住了女性的心理。哪个女人衣橱里没有一件小黑裙呢？小黑裙本身就比较吸引女性，她们一听就会感兴趣。很多人可能今天不会购买，但是有天参加活动和 Party 需要一条裙子的时候，自然就会打开 SOIREE 奢瑞小黑裙的平台去选购。

客户的需求就像射箭用的靶子，只有清楚靶子的方位，才能做到有的放矢，从而提高创业的成功概率。马化腾曾经说过：“谁能把握行业趋势，最好地满足用户的内在需求，谁就可以得到用户的垂青，这个是互联网行业的生存法则。”我很庆幸，自己把握住了客户的需求。

接下来，一个亟待解决的问题就是为SOIREE奢瑞小黑裙打造一个合适的商业模式。

在当今这个商业社会，“商业模式”已经成为一个时时被创业者及企业管理者们挂在嘴边的词。尤其是伴随着网络经济大潮的兴起，商业模式引起了更为广泛的关注。很多人不明白什么是商业模式，在美国市场上颇具盛名的投资商罗伯森曾经这样告诉亚信公司的创始人田溯宁：“所谓的商业模式，就是一块钱在你的公司里转了一圈，最后变成了一块一。这增加的一毛钱，就是你的商业模式给你带来的增值。”

简单地说，商业模式就是指我们的企业通过什么样的方式或者途径来赚钱。网络公司通过获得更多的点击量来赚钱；通信公司通过收话费赚钱；食品公司通过销售食品来赚钱；运输公司通过运输物品来赚钱；超市通过购物平台及仓储来赚钱……这都是商业模式的范畴。只要有利润可图的地方，就有商业模式的存在。

所以，我最关注的问题，就是什么样的商业模式适合

SOIREE 奢瑞小黑裙？之前了解到的一个案例令我大受启发：

2004 年 3 月，红孩子公司正式成立，主营母婴用品零售业务。红孩子的顾客群以年轻母亲为主体，她们几乎每天都会去红孩子网站的网络社区进行交流，定期会收到红孩子发来的装帧华丽的商品目录分册，并且总能在随手翻阅的过程中欣喜地发现自己需要的商品。由于定位准确，红孩子在运行了半年之后就实现了盈利；仅仅两年的时间，红孩子就进入了高速发展阶段，每年实现的销售额超过 2 亿元人民币，2007 年的销售额更是达到 10 亿元这个令人咋舌的数字。红孩子创造了一个高速发展、盈利性增长的奇迹。到现在，红孩子在其进入的北京、天津、上海等重点城市已经培育了一大批忠诚度极高的顾客群。

其实，在红孩子进入母婴用品零售市场之前，这个市场上已经有三种类型的企业存在，并且都经营得风生水起，颇为成功，而这三种类型的企业恰好代表着三种不同的商业模式：一种是以珠海“爱婴岛”为代表的连锁零售店铺，“爱婴岛”从珠江三角洲城市开始以“旗舰店＋卫星店”的方式开设连锁门店，逐渐发展壮大，在全国各地设立了多家店铺；二是以北京“丽家宝贝”为代表的传统门店和目录营销相结合的商业模式，这家企业一度成为北京市场的领袖企业；三是专业性相对来说比较强的电子商务网站，如乐友、皮皮网等。

在对市场进行分析之后，红孩子认为这三种类型的企业虽然已经挖掘了市场上的一部分需求，但都没有做到完全满足顾客的价值需求：

第一，谁是母婴用品的主要购买决策者？是那些已经成为或者即将成为母亲的人，而对于这些人来说，因为要照顾婴儿或者在孕期行动不便，通常是不方便亲自去门店进行选购的，因此，连锁门店的模式无法满足准母亲或婴

第四章

一条小黑裙引发的奇迹

儿母亲的需求。

第二，目录营销和网站营销的企业大部分都采用了第三方物流，因此无法保证送货时间。比如在北京的市场上，“四环以内 48 小时送达”是当时达成共识的行业标准，然而，红孩子却认为，母亲给婴儿买东西，心情一定是十分迫切的，恨不得刚放下电话就能看到产品，因此这种方式也不能彻底满足母亲的需求。

第三，由于店面投入等方面的成本压力，很多企业通常都采用了“高毛利品牌产品 + 低成本 OEM 产品”的模式。然而对于顾客来说，这样的模式使得他们既担心非品牌产品的品质是否能得到保障，又觉得品牌产品的性价比太低，因此在购买的时候会犹豫再三。

经过多方考虑，基于对顾客价值需求的理解，红孩子采用了没有店铺的“目录 + 网站”营销方式，让准母亲或者母亲在家就能够尽情挑选适合自己孩子的商品并等货上门。一方面，新生婴儿分布的分散性及成长的阶段性给传统的母婴用品零售门店的经营带来了相当大的困难，而且母婴产品涉及的种类多种多样、品牌数不胜数，因此，一般的大型家用商品综合商场都很难做到同时经营。相比之下，目录和互联网的独特优势就显现出来了，它能够很好地把包括母婴用品在内的分散、不稳定的家庭快速消费品需求进行有效集中和稳定。另一方面，初为人父人母的年轻消费者们对于母婴产品的选择缺乏经验，常常对“该给孩子买什么、该选择哪个品牌”感到束手无策，在这方面，目录销售模式能够充分发挥引导及推荐的作用，销售目录就是给这些顾客最好的消费指南。

并且，正像红孩子分析的那样，销售目录这种形式更符合中国人的阅读习惯，一本装潢精致、产品分类清晰的目录随时随地都可以拿起来翻阅，如果看到有喜欢的产品，打个电话就能轻松订购，让消费者不费吹灰之力就能够买到称心如意的商品。特别是对于那些行动不便的准妈妈和为了照顾孩子而忙碌的新母亲来说，打个电话，所需物品很快就能送上门，真是再好不过的选择了，她们持续购物的历程也就从此开始了。

更巧妙的是，红孩子公司最开始进行目录营销的地方是北京的各个妇产医院——那里正是其目标顾客的聚集区，这样就能以极小的成本抓住最优质的顾客源。

与红孩子一样，奢瑞小黑裙要想在服装市场上赢得属于自己的一片天空，就必须在商业模式上进行创新，更加贴近我们的目标客户——女性群体，倾听她们的心声，充分满足她们的需求。

在经过认真考虑后，我决定采用一种新颖的网络营销模式：只通过微信平台卖（2016 年 4 月 17 日又增加了京东和天猫两个平台），所有客户只要通过微信支付在“小黑裙 SOIREE”公众平台成功购买一条奢瑞小黑裙，就可以自动成为奢瑞小黑裙的代言人。每个代言人在消费结束之后都能得到一个属于自己的二维码，她们可以将自己的专属二维码分享到朋友圈、好友或微信群，只要有人通过扫描这个二维码来购买奢瑞小黑裙，该代言人就能获得相应比例的返现。并且，二维码主人的二度人脉、三度人脉扫描这个二维码，也都能给二维码主人带来收益。

这种模式充分调动了购买者的分享欲望，使他们愿意主动为奢瑞小黑裙进行口碑营销。同样一种产品，在通过广告宣传的方式得知和朋友向自己推荐的时候，消费者往往会接受朋友的建议。这正是口碑的魔力。正如乔·吉拉德总结的“250 定律”说的那样，每位顾客的背后都大约站着 250 个人，这是与他关系比较亲近的人：同事、邻居、亲戚、朋友。只要赢得了一位客户，就等于与他背后

第四章

一条小黑裙引发的奇迹

的 250 位隐形客户产生了联系。在他们的推广下，我们可以通过一位客户得到 250 位客户，再由这 250 位客户得到更多的客户。

有一位代言人曾经对我说："我认为这种方式特别好，每次我遇到好的东西都会跟闺蜜分享，但分享完就结束了，而我认定奢瑞小黑裙的品质后再跟朋友推荐，朋友购买后我竟然还有分享奖励！在奢瑞小黑裙上线的第一天，我就转发了朋友圈，并在几个好友群推荐了一下，没想到竟获得了 1000 多元的分享奖励，这真是太出乎我的意料了！"

当然，从本质上来说，这个商业模式并不稀奇。在我看来，模式不是创新，产品才是真正的创新。大家最在乎的不是钱，而是奢瑞小黑裙的产品。当顾客最开始接触到一个产品的时候，他会判断这个产品是否值得他去告诉自己身边的人。因此，价值才是产品在市场上稳住脚跟的通行证。当产品很有价值，使用体验很容易为人津津乐道，产品能自然而然地进入人们茶余饭后的谈资的时候，口碑就轻而易举地形成了。所以，我们的产品必须要做到良心品质、值得推荐。只要产品好，大家不在乎你的模式，会主动帮你宣传。如果产品不好，即使你的模式再吸引人，也绝对没有人去推荐。

第四章

一条小黑裙引发的奇迹

我一直认为，一个优秀的品牌是企业经过长期的努力，凭借着科学管理、形象宣传及公益活动等各种方式培育起来的，而这一切都要围绕着一个中心点，那就是保证产品的质量和服务。一个品牌之所以能够吸引很多的消费者，首先是因为它具有极高的质量保证。

产品的质量是品牌的生命，只有优质、高效的企业才能在任何竞争中永远立于不败之地。产品的知名度可以通过广告迅速扩大，但以知名度、信任度、美誉度三位一体为基础的品牌不是一蹴而就的，它是在对产品质量不断改进、不断完善的基础上逐渐创立起来的。所以，在经营奢瑞小黑裙的过程中，我一直以极为苛刻的标准来要求产品质量。产品好，奢瑞小黑裙才有未来。

思明对你说

任何一种商业模式的创新，都意味着一个前所未有的商业机会的出现。谁能够首先把握住这种商业机遇，谁就能在市场竞争中取得先机，跑在最前面。

即使一家企业打造出了适合自己的商业模式，也不意味着从此就能够高枕无忧，一路马到成功。哪怕再成功的商业模式，也不会是一成不变的。市场环境的变幻莫测，顾客需求的千变万化，使得企业要想基业长青，只有一条路可走，那就是在变化中求发展。

我们应该时时刻刻从客户的角度进行思考，把“客户希望得到什么”当作最重要的问题。

上线第一天，粉丝近万

2015 年 8 月 15 日，经过一个半月紧锣密鼓的筹备后，SOIREE 奢瑞小黑裙正式上线了。

在选择电商平台的时候，我曾经考虑再三，最终选择了微信。在我看来，在已经到来的移动电商时代，微信是最引人注目的一个平台。微信把身处世界各个角落的人联系在了一起，使“天涯若比邻”。庞大的用户数量也赋予了微信超乎想象的传播能力。

但是，怎样才能利用好这个平台呢？

第一，我认为是定位要精准。定位越精准越好，越能满足用户的个性化需求越好。SOIREE 奢瑞小黑裙只售卖黑色的裙子，将定位精准到黑色单品上，使人们一想到黑色的裙子，就能想到“SOIRÉE 奢瑞”，就会到我们的平台来购买。

我之所以如此重视精准的定位，是因为移动互联网与传统互联网相比，最大的一个区别就在于更重视“个人”的因素，而不是流量。因此，在移动互联网时代，能够获得成功的企业，一定是那些重视消费者的个性化需求、能满足他们的个性化需求的企业。而要实现这一点，就必须做到用户群的精准定位。定位越精准，越能对用户的需求进行无限细分，越能根据消费者的偏好来为他们提供产品或服务，就越能获得消费者的青睐。

第二，要以客户为中心，培养客户的忠诚度。在微信上购物，相比互联网来说，是有一定的限制的。与电脑的大屏幕相比，手机屏幕很小，所以客户在手机上消费的时候，很难像在电脑上一样详细地了解产品的具体信息，也很难在各个商家之间自由地切换，从而对产品质量、价格、服务进行比较。因此，客户购买我们的产品，一般是因为他们信任我们。因此，我们要想赢得更多的客户，就必须以客户为中心，产品质量与服务一定要跟上，这样才能一步步地提高客户的信任度与忠诚度。

SOIREE 奢瑞小黑裙（微信公众号：SOIREE1926）

SOIRÉE
SOIRÉE

在微信上线的那一天，是令我一生难忘的一天。

为了试探市场的自然反应，一开始我并没有进行市场推广，只是通过微信朋友圈的方式来对奢瑞小黑裙进行传播。但令我没想到的是，只用了短短一天的时间，我们的公共账号就涨了将近一万个粉丝。这一方面是因为我是中华女子协会的会长，这个女性公益组织拥有非常多的女性会员，她们得知我做了这样一个项目后，纷纷关注奢瑞小黑裙，并积极地传播。另一方面，也是因为微信这个平台的传播效果的确非常好，没有令我失望。奢瑞小黑裙前期的五万个用户都是我的朋友和朋友的朋友们，到目前为止，也都是用户在进行推广销售。

到 2015 年 8 月 25 日，通过我们的平台售出了 1300 条奢瑞小黑裙，第一批奢瑞小黑裙正式发货，因为人手不够，发货前一天，我动员了全家及亲戚来帮忙，一家人忙了个不亦乐乎。

奢瑞小黑裙创造的奇迹还不止于此。上线 4 个月，我们的公众账号就疯狂地吸引了 60 万粉丝，卖出了 2.3 万条奢瑞小黑裙！直到现在，我们每天的出货量都在 1000 条以上，创造了服装行业线上销售的一个奇迹。就连顺丰快递员都成了奢瑞小黑裙的“专职员工”，一整天都要在这里忙忙碌碌地收件发货。

在如今这个传播过度、信息爆炸的社会里，要想获得成功，唯一的希望就是有选择地把自己的火力集中在某个特定的目标、“狭窄”的领域，细分市场、聚焦用户。

在移动互联网时代，客户不在别处，就在你的手机里。只要你把握住了智能手机客户端，你就可以发掘客户、维系客户、服务客户，你就把握住了商机。

要想使产品被更多的人接受、关注，就必须制造差异，凸显出我们的竞争优势，用我们的优势去战胜他人。跟进和模仿只会失去个性，失去用户的信任，做得再好，也只会被用户视为一个“超级模仿秀”。

移动互联网时代的粉丝经济

如果早十年，我可能做不到今天的销量奇迹。中国互联网发展的几十年，已经培养了大家的消费观念和支付习惯，微信的社交红利更是点燃了小黑裙沉睡的价值观念。

这是一个女性主义的最好时代。如果是一件普通的衣服，你可能不好意思去朋友圈“晒”。但是从你穿上奢瑞小黑裙的那一刻，你就会变得激动起来。你自己都觉得应该让朋友们看一看，让他们知道自己可以如此装扮，因为它让一个女人显得高贵、性感、端庄，同时也告诉闺蜜们，她们也可以像你一样，只需要一条奢瑞小黑裙。

只要有一个用户在朋友圈“晒”了奢瑞小黑裙，平均就会有 5 个用户关注我们的公众账号，这个数据非常惊人。

SOIRÉE
奢瑞小黑裙

有人认为，拥有庞大的微信粉丝数量是成功的充分条件，实际上并非如此，这只是奢瑞小黑裙成功的必要条件。除此之外，我认为奢瑞小黑裙的粉丝营销之所以成功，是因为我把握住了以下几点：

第一，消费者在成熟，也在改变。伴随着消费升级时代的到来，引领消费者选择的依据已经从十年前的广告转向了口碑推荐、理性判别。消费者不再盲听、盲信、盲从了，不再由知名度推断美誉度，也不再由知名度决定忠诚度了，他们越来越清楚产品的判别标准。也就是说，顾客体验的分量日益加重了。

第二，以前是帝国时代，现在是小而美的社群时代、碎片化时代，信息源和传播源在快速分化，受众也在快速分化，圈层效应明显，从前的单向传播变成了多点对多点的分散传播。

第三，传统的商业竞争都是在抢占商业空间，谁在商业终端的货架、排面和空间占有率越高，谁的势力就越强。而现在，在移动互联网时代，空间已经不重要了，更重要的是时间——你能不能抢占用户的时间。

在经营 SOIREE 奢瑞小黑裙的过程中，有几个案例令我印象至深。

第一个案例。2015 年 8 月 15 日，奢瑞小黑裙预售开始，在半小时内便卖出了 1000 多条奢瑞小黑裙。我们创造了三个令人惊讶的记录：第一，预收款，没有一分钱欠款；第二，没有一分钱的广告费；第三，8 月 15 日预售，8 月 25 日发货，没有一件库存！

不知道大家对这个案例有什么感受？我的代言人的感觉是，没有比这个更好玩的了！

第二个案例。有个微信好友说自己有 800 多个微信好友，如果 50% 的好友看过自己分享的内容，就有 400 多个好友了解过奢瑞小黑裙。他说有 20 多个好友向他咨询，初步估计至少会给我们带来 10 个关注用户，产生超过 3 笔订单。

一个老用户就能让这么多的人知道奢瑞小黑裙，产生这么多的关注用户。这告诉我们一点：只要能让用户发自内心地喜欢你，用户一定会真正地为你传播。你需要做的，就是推出令人震撼的产品，让大家情不自禁地拿起手机来拍照、发朋友圈。

我对社群电商和粉丝经济的理解就是，移动互联网时代的核心是“人”！粉丝经济是以熟人间的传播和推荐为主的商业形态，随着移动互联网时代自媒体的快速发展，每一个用户都是一个媒体，都可以向朋友推荐和传播产品，从而将用户变成粉丝的门槛大大降低。社群电商给我们这一代创业人提供了非常好的机会。

奢瑞小黑裙的主要推广模式是微信朋友圈、微信群、微信好友。在互联网时代，你的微信朋友圈质量就代表了你本人的质量。在别人不认识你的情况下，只能通过你的朋友圈了解你，朋友圈的积累可以影响别人对你的认知。因此大家要特别注意，一定要维护好自己的朋友圈。

为了使粉丝经济充分发挥作用，我们鼓励各位代言人用各种方式做推广，除了线上推广之外，代言人也可以通过别的方式做推广。比如在人流量大的地方做广告牌；如果拥有自己的店铺或者朋友有店铺，也可以把带着二维码的展架、广告板放在店里；代言人还可以上网下载奢瑞小黑裙推广视频在店内的电视上播放……只要你想，就没有什么不可以。

在我看来，社群非常重要，当你分享的内容免费时，真正聚起来的都是非常好的用户群体。等到这么多有质量的人在你周围的时候，你就可以做很多免费的服务和推广，然后从中获利。这是互联网界一个非常常用的做法。比如，腾讯 QQ 是免费的，百度搜索是免费的，但你想得到更多体验的时候，你是需要付费成为会员的。奢瑞小黑裙也是一样的道理。

“己所不欲，勿施于人，己所欲，亦慎施于人。”自己不希望加于己身的不好的东西，不要强加给别人；自己希望得到的好的东西，也希望别人能得到。助人为乐是人的天性，孔老夫子其实是微信营销的祖师。

要想通过粉丝经济受益，产品一定要有个性和特色。没有特色的产品很难打动用户，也无法让粉丝向朋友推广。

我们的产品要在 10 分钟之内“击穿”目标用户的心。只要能够抓住用户的痛点进行攻击，那么，打开产品的销路就变得易如反掌了。

感恩洪泰基金，天使就在你身旁

上线不到三个月，奢瑞小黑裙就创下了从0到近14万粉丝的傲人成绩。我们的飞速发展赢得了业内业外无数人的关注。

2015年下半年，资本寒冬论甚嚣尘上，经济形势不容乐观，几乎所有投资人都捂紧了自己的口袋，变得异常谨慎，能拿到钱的创业者屈指可数。然而，就在这样的大环境下，2015年10月，我们依然拿到了洪泰基金创始人盛希泰先生的200万元天使投资。

洪泰基金是俞敏洪和资深投行人士盛希泰共同创立的基金。洪泰基金主要有三大投资方向：一是吃喝玩乐类的项目；二是教育、环保、健康等具有“精神追求”的项目；

三是能颠覆现有行业模式的移动互联网产品。SOIREE 奢瑞小黑裙正属于第三类。

盛希泰先生是一个非常有个性的投资人，他擅长搏击，倡导狼性文化，大家都叫他“泰哥”。我跟泰哥很早以前就互相加了微信，但是一直没有聊过。后来，泰哥跟我说，他是一路看着奢瑞小黑裙从零起步发展到现在的：看我发朋友圈，看着我们的粉丝迅猛增长，看到顾客对我们的高度评价……甚至他身边的人也向他推荐我们。他的爱人并不认识我，我也不认识她，但她却向泰哥要求见一见我，因为她的朋友圈里有很多人都在传播我的奢瑞小黑裙，让她对我和奢瑞小黑裙产生了浓厚的兴趣。

就这样，泰哥开始真正关注起了奢瑞小黑裙。为了确定我们是否值得投资，他对奢瑞小黑裙进行了长达一个月的观察，发现奢瑞小黑裙的平台粉丝正在以一个非常惊人的速度增长——在这一个月的时间里，我们的粉丝量足足增长了近 10 万。这使得他对奢瑞小黑裙产生了充足的信心，最终决定投资我们。

2015 年 11 月 14 日下午，奢瑞小黑裙在兰会所举办了“SOIREE 奢瑞小黑裙秋冬新款时装发布会”。我邀请泰哥出席，在这次发布会上，泰哥对奢瑞小黑裙“互联网 +”模式做出了总结和期望，还讲述了本次投资的缘起：

“奢瑞小黑裙切入这样一个有着庞大女性用户群体的精准市场是非常有价值、有潜力的，所以我们决定投奢瑞小黑裙。在时下的中国，移动互联形势在世界上也是首屈一指的。中国已有超过 7 亿的移动智能手机用户，奢瑞小黑裙正是抓住了这一市场契机，在微信平台上充分发挥，这样的数据基础对奢瑞小黑裙的未来是有非常好的助力作用的。按照这个数据来看，在不久的将来，奢瑞小黑裙很快就会突破 100 万的粉丝。

“刚才，思明说奢瑞小黑裙能有洪泰基金投是奢瑞小黑裙的骄傲。其实，我们洪泰基金为能投奢瑞小黑裙也感到非常骄傲。

“我非常看好小黑裙未来的发展。这是因为我看到了这个品牌创始人王思明身上的那股狼性，可以说，她是我们洪泰基金旗下一位抹着红嘴唇的‘洪泰狼’。”

洪泰基金的另一位创始人俞敏洪先生也一直非常关注奢瑞小黑裙，2015 年 11 月 27 日，俞敏洪先生还特意通过视频向奢瑞小黑裙致贺：

“各位朋友，大家好，我是俞敏洪。在这里，我代表我自己，也代表广大的周围朋友祝贺奢瑞小黑裙，也向王思明表示感谢，感谢你创造了这么一个品牌！

“随着中国经济的发展、个人生活的富有，人们对于美的追求已经变成了一个日常的行为。那么对于美的追求，我觉得更重要的是对于一个人的气质的追求。气质的体现，最重要的是体现在人们对于服装的选择和设计上面。过去人们是只要能够吃饱了、穿暖了就行，至于服装是什么样子，大家其实无所追求。那么近几年来呢，中国人民追求服装美并且服装能够体现自己气质的这样一个行为越来越受到人们的重视。也就是在这样一个风潮下，或者说是在这种时尚下，奢瑞小黑裙才应运而生。

“我看过奢瑞小黑裙的设计，也看过它的黑裙服装，

我觉得非常能体现一个人的静雅、气质和风度。所以我想，只要坚持下去，奢瑞小黑裙这样的品牌在中国一定会占有一席之地。希望王思明带领的团队能够继续努力，为中国的美，为中国人民变得更美而继续努力！谢谢大家！”

对盛希泰先生，对俞敏洪先生，对洪泰基金，我一直怀有感恩之心。正是他们的信任，给了奢瑞小黑裙继续前行的动力。

有人曾经问我：“思明，你为什么一直这么努力？”其实，有一个非常重要的原因，那就是我怀有一颗感恩之心。对那些支持我、帮助过我的人，我一直铭记于心。我希望通过自己的努力，把奢瑞小黑裙经营得更好，用更大的收益来回报他们。

一位哲人曾经说过：“世间最大的悲剧和不幸，就是一个人大言不惭地说没人给过我任何东西。”对帮助过我们的人，要学会感恩。哪怕他们只是在我们困难的时候，给过我们一碗水、一个微笑。我们没有权力要求别人对我们好，也不要把别人的仁慈当成理所当然，即使那个是你最爱的人。感恩是一种美德，不管对别人还是对自己，面对美德，绝不能视而不见。

感恩是一种处世哲学，是生活中的大智慧。常怀感恩之心，我们就会更加感激那些有恩于我们却不求回报的每一个人，正是因为他们的存在，我们才有了今天的幸福和喜悦。

一个人要想获得成功，除了靠自己努力外，借助他人的力量也是必需的。当你善于借助他人之力时，你将会发现，你的视野更加开阔了，思路更加通透了，境界也更加高远了。

关系是机遇的潜台词。好好经营你的关系，它会给你带来无数的机会。有句话说得好：当上帝给你关上一扇门的时候，也会给你打开一扇窗。关系就是那一扇窗。你经营的关系越多，打开的“窗”也就越多，获得的机遇当然也就更多。

在当今这个时代，一个缺乏合作精神的人，是不可能取得大的成功的，是难以在社会上立足的。只有学会合作，才能实现共赢。

Chapter 5

匠人匠心，黑色传奇是这样铸就的

我只卖小黑裙

在当今这个社会，任何一个人、任何一个品牌要想成功，都必须专注。什么是专注？就是当人们想起某种产品的时候，第一时间就会想起这个品牌。比如，如果你想喝可乐，就会想："买可口可乐，还是百事可乐？"如果你要买相机，会有很多人建议你考虑佳能相机；如果你想换车，奥迪、宝马、奔驰、大众、别克……这些汽车品牌就会自动在你的脑海中跳出来。

这就是专注的效果。所以，我只卖小黑裙。我希望有一天，人们一想起小黑裙，就会想起"SOIREE 奢瑞"。

要做到这一点其实并不容易。因为贪婪是人性的固有弱点，人是有贪欲的动物，永远不会满足于现状。人性的贪婪往往在商业上表现得最直接、最明显。一个品牌成功了，就想做更多的品牌。一个产品卖得火了，就想卖更多的产品。这些人通常会以失败而告终。毕竟，一个品牌的成功不代表其他品牌也能成功，一个产品卖得火不代表其他产品也能卖得火。

这样的例子比比皆是，在服装行业里，有一个业内领先一时的企业故事就给了我很大的警示。

1979 年，这家企业从服装产业起家，逐渐发展成中国服装行业的龙头企业，其主打产品衬衫、西服等常年保持市场综合占有率第一位。

1992 年，这家企业开始涉足房地产行业，在宁波、苏州等地先后开发了东湖花园、苏州未来城、海景花园、钱湖比华利等大型楼盘。继房地产之后，它又依托巨额投资，向资本市场发起进攻，曾经参与了九家上市公司的定向增发投资，持有 PE 投资及其他投资项目多达数十个，一度成为上市公司非公开增发“认购王”。

这家企业涉足的行业非常多，既有汽车、制造、电力，也有医药、酿酒、金融。对它来说，每个行业都是一个新的领域，都需要劳心劳力。时间一长，它渐渐尝到了由此带来的苦果。

首先陷入泥潭的是地产业务。随着国家对房地产调控力度的加大，2011 年这家企业的房地产交付减少了 32.34 亿元，收入和营业利润同比下降 46.94% 和 32.12%。2012 年底，存货余额总量大约为 234.73 亿元，除去服装业务的库存金额 15.21 亿元，地产业务的库存达 200 多亿元，占年末流动资产的七成。2013 年，这家企业不得不终止某些地块的开发。

投资的接连失利也使它雪上加霜。2012 年 5 月底，这家企业持有的限售股几乎无一例外地全都跌破了增发入场价。这家企业号称“三驾马车”的服装、金融投资、地产三大业务已有两驾身陷泥潭。

直到这个时候，这家企业才恍然大悟：要在这么多行业里同时发展，不是一件容易的事！这时，他们又想做回自己的主业了。然而，市场环境已经发生了巨大的变化，要想在服装业重树威风，更是难上加难。

李嘉诚曾经说过：“经营企业，‘知止’两个字是非常重要的。我 12 岁时就开始闯荡社会，到 22 岁创业时，已经过了 10 年艰苦的生活。到现在，我已经工作了几十年了。在香港，我看过很多人，他们成功得非常容易，但是，掉下去也非常快。这是为什么？因为他们太贪婪。全世界很多企业，之所以失败，最少有一半是因为贪婪。”

我不想让贪婪蒙蔽我的眼睛、我的心，所以，我一直对自己说：“无论什么时候，都要保持专注。”我要将所有的人力、资金、时间，聚焦在奢瑞小黑裙这一个产品上，把小黑裙做到极致。这就像挖井一样，最好的方法是选定一个水源比较充足的地方，集中力量挖下去，一直到挖出水为止。不停地挖井、一锄头挖不出水就换地方挖的人永远没有水喝。

事实也的确如此。最赚钱的企业，可能并不是那些规模宏大的商业集团，反而是专注于某一个领域、始终脚踏实地、精耕细作的企业。

二十多年前，德国管理大师赫曼·西蒙在认真调查研究后发现，德国经济之所以能够在世界市场上独占鳌头，即使在经济不景气的状况下也不会受到什么影响，并不是得益于那些在全球颇有名气的大企业，而是由于一群默默无闻、深藏在各个行业中的小企业的支撑。

后来，德国政府进行了详细统计，根据他们的数据，

第五章

匠人匠心，黑色传奇是这样铸就的

在德国，公司规模不到 1000 人、每年营业额在 8 亿欧元以下的中小企业，一共有 4 万多家，占德国企业的 99%，雇用了德国 70% 的就业人口，贡献了 40% 的 GDP。这其中有 1300 多家在各自的领域里都是全世界的“老大”，有些公司全球市场占有率甚至高达 90%。

这些企业制胜的秘诀就是专注——它们从不在“大象”跳舞的地方玩耍，只专注于一个狭小的细分市场，几百年只做一个行业，甚至只生产一种产品。

这些企业的规模往往不是很大，却始终聚焦于某个领

域，在这一行里专心致志地耕耘了几十甚至上百年，形成了绝对的竞争优势，占据了很大的市场份额，达到了非常高的利润率。它们在面临资本扩张、快速发展的机遇时，通常会“大智知止”，控制自己的规模，不求做大，甚至也不求做强。结果，它们活得反而比很多大企业都要滋润。

中国也有不少这样的企业。重庆有一种食品，叫有友泡椒凤爪，在全国各地的超市里都能买到。相信很多人都吃过这种凤爪，有些人还是这个品牌的铁杆粉丝。虽然有友泡椒凤爪的价格与其他品牌相比要高不少，但是很多人依然选择这个品牌。你可不要小看这小小的凤爪。就这一包包不起眼的凤爪，带动了一个全新的产业呢。

有友的创始人叫鹿有忠。他在刚开始创业的时候，就请了一个食品研发专家，专门进行凤爪口味的研制。经过一年左右的精心研发之后，五种不同口味的凤爪诞生了。鹿有忠迫不及待地把这五种口味全都尝了一遍，发现每一种都非常好吃，几乎不分伯仲。这时难题出现了：怎么办？要把这五种口味一起推向市场吗？

按照很多人的想法，把所有口味一起推向市场是最好的选择。因为产品多，消费者的选择就多，销售机会多，赚钱也多。而鹿有忠却不这么想，他也没有这么做。他只留下了最传统的一种——泡椒凤爪。

在鹿有忠看来，要在市场上打开销路，就一定要专注、专注、再专注，要集中全力搞好主打产品。泡椒味已经得到了当地消费者的肯定，是一种成熟的产品，以它作为自己的主营产品，更容易发挥企业的优势。先把一个产品做好了，企业才能活下来。企业活了，才有资格说未来的发展。

果不其然，泡椒凤爪一进入市场，就受到了无数消费者的热烈追捧，名声越来越大，很快就走向了全国，成为本行业的第一品牌。

我希望奢瑞小黑裙也能成为这样的企业。奢瑞小黑裙旨在做一个有格调、有情怀、有态度、有温度的设计师款小黑裙的互联网集合平台，做全球最大的小黑裙售卖平台，做一个能够永久传承下去，即使 100 年后依然只卖小黑裙的品牌。

思明对你说

你的企业要想在竞争中赢得一席之地，就必须比其他企业做得更好，比其他企业创造更多的价值。因此，资源不能分散，只能选择一个点，不断做强。只有这样，才能获得相对优势和相对竞争力。

今天的竞争是极致的竞争。你要超越对手，要黏住客户，要获得竞争优势，就必须做专、做精、做深，把简单的事情做到极致。

产品越少，经营起来就越简单，越简单的东西越有力量。与其艰难地维持几个市场，不如集中力量占领一个市场。与其用一种产品的盈利来支撑整个产品线的生存，不如甩掉那些没有竞争力的产品，全力打造一个极致产品。

小事不做，大事难成

奢瑞小黑裙能有今天，不是一蹴而就的，是从一点一滴的小事做起的。

在经营奢瑞小黑裙的过程中，我最重视的就是小事和细节。从服装品质到公众账号的内容发布，到文字、图片的美感，我都会仔细、反复地推敲。有时一个文案在发布之前要反复调整上百次，颜色、空距、字体、布局、文字都要一再琢磨，力求完美，不放过任何一个细节。

我对公司的管理也是事无巨细，甚至连公司卫生间里的卫生纸的位置，我都会去关注和调整。一开始保洁阿姨偷懒，打扫得并不干净，我没有责怪她，而是自己动手把卫生间冲刷得一干二净。后来保洁阿姨知道这件事之后，再也没有在打扫质量上打过折扣了。

我经常看到这样的人，他们一心只想做大事，不愿做小事。一来觉得小事太烦琐，二来觉得做小事丢面子：“以我的能力怎么能去做这种小事，那不是大材小用、降自己的格、丢自己的份吗？”其实，很多工作就是由点点滴滴的小事构成的。很多表面上看来是人人都能做的工作，实际上能将其做到尽善尽美的人也是屈指可数的。

人生无小事，每做一件事情都是对自身素养、品行、学识进行的一次修炼。所以，千万不要因为某件事太小或者低微就轻视它，放弃做小事将使你失去一次修炼的机会，也错过一次提高的可能。

我认识的一个女孩是一家外资企业的总裁助理，她给我讲过她的一个切身经历：

她进这家外企才半年的时候，公司准备开研发产品推广会，部门所有人都忙得连夜准备文件。上司分配给她的工作是装订和封套。

她的上司是一个五十多岁的德国人，他一再叮嘱：“一定要做好准备，别到时措手不及。”这个女孩听了以后，非常不以为然，心想：“这种小学生都会做的事，还用得着这样婆婆妈妈地嘱咐我？”于是她没把上司的话放在心上。

那天深夜，文件终于交到她手里后，她开始装订。没想到，只弄好了二十几份，订书机突然发出“咯噔”一声空响——订书钉用完了。她漫不经心地打开装订书钉的盒子，脑子里“轰”地一响——里面没有订书钉了！她马上到处找，找来找去却都找不到。上司看见后也立刻让所有人翻箱倒柜地找。不知怎么回事，平时随处可见的小东西，当时竟然连一排也找不到了。要知道当时已是深夜了，而文件必须在第二天早上九点大会召开前发到代表手中，上司怒不可遏地对她大喊：“不是叫你做好准备吗？怎么连这点小事也做不好？”她只能低头无言以对。

显而易见，这个女孩的错误不在于她没能力把文件装订好，而在于她认为这样的工作轻而易举，没有对这件小事提起足够的重视。她不懂得小事可能影响大事，凡事都要从小事做起。

摩天大楼从来都是用小石块垒起来的，小事不做，大事难成。不做好手中的小事，也就没有做大事、成大业的能力。千里之行，始于足下。想让他人认同我们，为什么不从身边的小事开始呢？与其对小事不屑，不如把它当作锻炼我们的绝佳机会，慢慢积累成大事的才干、品质，静静等待机会来临。这样把握机会，又何愁大事不成呢？

明海禅师在与中欧商学院学员们交流时说的一句名言，令我十分警醒："小事放光就是大事！"的确，无论是生活还是事业，都没有那么多轰轰烈烈的大事，就算有，也是由一件件的小事组成的。把人人能做的小事做好了，做到"放光"了，自然就成了大事。

不要老想着做大事，再大的事也是由一件件小事构成的。而做好小事的同时，还要注重细节的完美。

关于细节，我听过这样一个故事：

1855 年，一个 16 岁的贫困少年开始在美国克里夫兰市寻找工作。

他孤身一人，拜访了一家又一家大企业，希望能得到一份记账员的工作。但是，所有企业都认为他不是记账员的最佳人选。一个月过去了，他没有接到任何一家企业的聘用通知。于是，他决定从头开始，再次甚至三次、四次地拜访这些企业，一定要进入克里夫兰市的大企业工作。

在他坚持不懈的努力之下，终于有一家经营农产品的贸易公司同意聘用他为助理记账员。然而，该公司规定，在三个月的试用期里，将不支付给他一分钱的报酬。少年没有对此提出任何异议，马上投入工作，全然没有考虑是否会被留用。

两个月后，这个 16 岁的助理记账员就由于对待财务的严谨认真态度引起了整个公司的关注。

在核查账单的时候，他的手里仿佛拿着一个高倍望远镜，任何不合理的支出都逃不过他的眼睛。对每一张账单，他都以百倍的认真程度进行检查，即使是老板亲自看过的账单也不例外。

他的认真不只限于此，对于分外的事情，他也乐于承担责任。他熟悉公司业务流程后发现，运输对公司成本的影响非常大，而这一点又常常被其他人忽略。比如，经销一批外地的大理石，运输时就涉及多种运输方式，有的需要通过火车运输，有的要走水路，还有的需要采取湖泊货运的方式。

他认真核算了3种运输方式需要耗费的成本，希望设计出一个更低廉、更便利的运输方案。经过充分的调查，他设计了7条线路，然后从中找出了价格最低的一条。

这条线路令公司里所有的人都惊奇不已。它是由一条新开通的铁路线和一个运输条件欠佳的湖泊组成的，在此之前，从来没有人想过采用这种运输方式。这条新线路为公司节约了 400 美元的运输成本和一天半的运输时间。

8 年后，这位助理记账员成了一家炼油厂的合伙人。

有一天，他到工厂生产线做例行检查，经过自动焊机密封油桶时停了下来。经过认真观察，他发现每个油桶完成密封需要 40 滴焊料。他开始思考：是不是可以用更少的焊料来完成密封呢，比如 39 滴或者 38 滴？他向工程师提出了自己的想法，工程师听了以后愿意一试，但是他不敢肯定结果会怎样。他们立即聚精会神地投入到了实验之中，最后发现：39 滴焊料就足以使油桶完成密封，再少一滴的话就会出现漏油现象。就这样，通过这一滴焊料的改革，公司再一次实现了成本的大幅缩减——仅这一个小小的改变，就为公司每年节约了 2000 万美元的成本。

这个年轻人，就是石油大王约翰・D. 洛克菲勒。他是世界上第一个十亿富翁，他曾创立了第一家托拉斯企业，他的产品在美国市场占有率超过了 95%，他建立的洛克菲勒基金会至今依然在为人类的医学事业做出贡献。

也许你会觉得，很多事都小到不起眼，但在商业社会中，是否注重细节的完美就体现在这些小事上。因为每个人的工作都是由一件件小事构成的，把每件事都做到完美，必须付出加大的热情和努力。完美的细节体现着一种专业化的品质，只有具备了专业精神的人，才能铸造完美的细节。

养成重视细节的习惯，需要经历一个漫长的过程。在这个过程中，我们必须重视坚持的力量。如果做事有头无尾，总是半途而废，是不可能真正养成注重细节的好习惯的。

一滴水虽然小，却能反射出整个太阳的光辉。一件事虽然小，却能体现出一个人对家庭、对工作、对社会的责任。从小事做起，把小事做好，才能成就大业。

俗话说“小事不小”，大事通常是由许许多多的小事累积而成的。没有在小事中一步一步的积累，是成就不了大事的。只有把小事做透、做细，你才能说自己能“把事情做好”。

如果你能以一种积极的心态去做小事，通过刻苦钻研、寻找规律来不断提高自己的能力，那么，成功很可能会在不经意间敲响你的大门。

脚踏实地的耕耘者，在对细节的关注中创造机会、抓住机会、实现自己的梦想。而那些不愿俯视手中工作细节的人，只能一直焦虑地等待机会，最终度过并不愉快的一生。

眼中有目标，行动有方向

以前练高尔夫的时候，高尔夫球教练总是会教导新手，方向比距离更重要。打高尔夫球需要头脑和全身器官的整体协调。每次击球之前，选手都需要观察和思考，需要靠手、臂、腰、腿、脚、眼睛等各部位的有效配合。而击球的关键则在于两个“D”，即方向（Direction）和距离（Distance）。很多初学高尔夫的人，总是一心想着把球打远，而忽视了方向的重要性。其实，把球打正比打远更重要！

创业和打高尔夫球很像，如果方向对了，即使走得慢，也能一步一步靠近成功；可是如果方向错了，不仅白忙一场，还可能离成功越来越远。

对高尔夫球手来讲，方向是下一个球洞所在的位置；对于创业者来说，方向就是做正确的事，朝着目的地直线行走，而不是在错误的方向上一路狂奔。现实中我见过太多没有目标、没有方向、没有规划的人，他们整天为了销量忙忙碌碌、为了市场四处奔波、为了业绩疲于奔命，结果却是销量下滑、市场疲软、业绩无增。因为他们做的大多是对销量增长无益的事情，开发的大多是公司舍弃的市场。

所以，在“百忙”之中抬头看看目标很重要。只有目标清晰、方向正确，你的努力才会有成效，才能接近成功的彼岸。

只有眼中有目标，才能行动有方向。这是我经营奢瑞小黑裙的一个很大体会。

在这个过程中，我一直专注于一个目标，那就是把奢瑞小黑裙打造成服装界的“黑色帝国”。

正是因为始终专注于这一个目标，我才能做到稳扎稳打，一步步把奢瑞小黑裙带上巅峰。我们在工作中经常用到订书机，把几十张纸摞在一起，即使最锋利的刀也未必能一下子穿过去，但看起来那么不起眼的订书钉却能把它们结结实实地钉在一起。原因就在于，订书钉把全部力量都汇聚到了两个点上，这两个点就如同我们的目标。目标应该是专一的，这样，我们才能集中主要精力去为之努力，将其实现。

几年前，有一支登山队宣布要向世界上最高的山峰——珠穆朗玛峰发起挑战。这支登山队的成员全都是业余队员，因此人们都不相信他们几个人能成功登上珠穆朗玛峰。

在这七个队员里，有两个人引起了人们的关注。其中一个是万科集团的董事长王石，要论他在房地产领域的实力，没人敢提出质疑。但在登山方面，他顶多算是个业余爱好者。更何况他当时已经五十多岁了，对于任何一项运动来说，这都是致命的缺陷。以他的条件，要想征服世界第一峰，大家都在心里打了一个问号。

另一个引起人们关注的则是比王石年轻十多岁的队友。在这七个人里，他的身体状况和心理素质都是最优秀的。他们驻扎在怀柔登山基地训练的时候，别人最多负重二十公斤，而他负重四十公斤依然面不改色、攀爬自如。别人爬一次的时间，他能爬两次。于是人们纷纷认为他是最有可能第一个登上顶峰的人，这个“一号种子选手”自然也成了众人关注的焦点。

经过一番严格的训练后，登山队按照事先制订好的计划踏上了征程。在登山过程中，那个最被看好的“一号种子选手”身兼数职，不但要接受媒体的采访，每天还要拿出时间来上网，回复一下网友的帖子。而且他还受到家乡电视台的委托，一路上拍摄自己的详细登山过程。

王石是一个家喻户晓的名人，按理说，他应该是媒体和公众最关注的人。但是出人意料的是，他表现得非常低调，只是全身心投入到登山中，不但不接受媒体采访，就连摄像机也别想拍到他的身影。

在 8000 米海拔处扎营休息的时候，他们赶上了难得一见的美景：金子般的阳光静静地流淌在白雪覆盖的珠峰

第五章

匠人匠心，黑色传奇
是这样铸就的

上，给珠峰镀上了一层漂亮的金色。队员们全都兴奋地跑出去观赏，只有王石一个人在帐篷里休息。有人招呼他说："王总，这样的风景这辈子恐怕只能看这一回，您不出来看一下？"王石婉言谢绝了他的好意，他要把宝贵的时间拿来养精蓄锐，为明天做准备。

第二天，他们到达了海拔 8300 米的高度。此时，他们已经非常接近顶峰了，但越是这个时候，面对的挑战就越大，坚持下去也就越困难。当天晚上，大家都在考虑是否继续，"一号种子选手"最终决定放弃登顶，因为他的体力已经透支完了。

后来，在那七名队员里，只有四个人成功地登上了顶峰，王石就是其中之一。

下山后，王石接受了媒体的采访，当被问到登山的秘诀时，他说道："没有什么秘诀。自从我做出挑战珠峰决定的那天开始，我的心中就只有一个目标，那就是登顶。"

实现心中的目标不是一件容易的事。在奔向目标的路途中，肯定有艰难、有困苦，也会有快乐、有精彩。如果路上有一个个里程碑，我们前行时就眼中有数、心中有底，再苦也能坚持、坚持、再坚持。如果路上没有任何标志，

前不见村，后不着店，只能前行，那么我们走在路上，就会情绪低落、心生厌烦，甚至中途就不想走了。

所以，我会把长远的大目标划分为一些小目标。比如，4 个月实现 SOIREE 奢瑞小黑裙公众账号粉丝数量翻番，一年内完成销量增长 50%，等等。只要这些阶段性的小目标一个个地实现了，我的大目标就一定能实现。

如果你的目标是登上珠穆朗玛峰，你现在就去爬，中途一口气也不要歇，可能才到 6000 米就会倒下，再也不能往前走了，甚至还可能会丧命。但如果你一步一步地准备，先经过三到五年的爬山训练，从爬 1000 米、2000 米的山开始，再爬更高的山，先空手爬山，再背上背包爬山，最后再去攀登珠穆朗玛峰，你的成功率就会高很多。王石以前爬过很多雪山，他把几大洲的雪山都爬完了，最后才去爬珠穆朗玛峰。如果他一开始就爬珠穆朗玛峰，恐怕也实现不了自己的这个目标。

道理其实很简单：如果我们把一个宏大的目标分解为很多个阶段性的小目标，就会非常容易实现。尤其是在得到一些成果的时候，我们发现自己为实现目标所付出的努力都得到了回报，我们离自己的最终目标越来越近，一种成就感就会油然而生。这种成就感会帮助我们重新鼓足勇气，再次明确我们行动的方向，向着下一个阶段性成果而奋力冲刺，就像在途中给自己加了一次油一样。

我每天都会告诉自己，为目标多做一点努力，哪怕只是最微小的行为，也能有所收获。在追求目标的过程中，任何时候都不能掉以轻心，“战役”才刚刚开始，每一步都要做好、做到位，只有这样，得到的结果才是我们真正需要的，才是能够令自己无愧于心的好结果。

在各地的海洋世界里，我们都能看到海豚灵活地表演各种各样的杂技。但是，如果一头体重高达八千多公斤的鲸鱼，跃出水面进行精彩的表演，你会不会觉得这是不可能的？实际上，的确有这样一头鲸鱼创造了这样的奇迹。它的训练师曾经在媒体上披露了训练这头鲸鱼的方法。

在最开始的时候，训练师把一根绳子放在水面下，让鲸鱼从这条绳子的上方游过。每当鲸鱼成功地完成一次，训练师就会给它一些奖励。后来，训练师在每天的训练中都会把绳子提高一点，而且每次提高的幅度很小，因此，鲸鱼丝毫没有意识到自己挑战的目标已经发生了变化。就这样，经过长期的训练以后，鲸鱼就能够跃出水面，像跳高运动员一样跳过水面上的绳子了。

所以，我建议大家，在做事之前要想一想：要想达到预期中的目标，我们应该付出怎样的努力？接下来的一周要做哪些事情？这一周的每一天我们都要做哪些事情？把目标分解到每一天，就能把行动落实到最细微处。每天的努力汇聚到一起，就能使目标离我们越来越近。

只有行动才会带领你走向成功。如果你总是树立各种各样的目标，却从来不付诸行动，那一切都是空想。与其在空想和等待中浪费宝贵的时间，不如用最简单的行动来向成功靠近一步。

树立目标对企业来说也很重要。就像彼得·德鲁克曾经说过的："目标不是命运，而是方向；目标不是命令，而是承诺；目标并不决定未来，而是动员企业的资源与能源，从而塑造未来的一种手段。"

人生旅途，没有现成的模板，得靠自己规划；人生旅途，没有可见的里程碑，得靠自己在心中竖立。

有爱就要大声说出来

我一直为自己“创业者”的身份而骄傲，因为创业使我找到了属于自己的舞台，证明了自己，让我实现了自我价值。我希望有越来越多的女性像我一样走上创业路。我想告诉她们，女性创业者一点也不比男性创业者差。在这条路上，我们一样能创造辉煌。

在我看来，与男性创业者相比，女性创业者更有韧性。就像跑步一样，很多男性在短跑方面比女性要强，但女性通常能在长跑上展现出自己的优势，这就是因为女性的韧性更强。在创业中也是一样，女性创业者通常能坚持更久，即使遭遇很多挫折，也不会轻言放弃。因为大多数女性之所以选择创业，不是为了赚快钱，也不是为了追赶潮流，而是因为她们真心喜欢这件事。而一些男性之所以创业，可能是为了养家而赚钱，或者为了跟同学攀比，创业的初心没有那么单纯，遇到困难时就容易选择放弃。

我认为，女性创业者更善于沟通。沟通在企业发展过程中是非常重要的，能保证企业做得更长、更好，团队更能汇聚人气。因为在创业过程中难免会出现各种各样的情况，大家的想法经常不一致，沟通不善的话很可能出问题。沟通是企业文化中最重要的一个方面，而女性在这方面恰恰更加擅长。

就我自己来说，在管理创业团队的时候，我贯彻的一个原则是：有爱就要大声说出来。我希望我的伙伴们都能感受到我的爱，感受到团队的和谐。在我看来，只有这样，团队才能团结起来，拧成一股绳。

所以，我在与我的伙伴们进行沟通的时候，总是会把自己放在与他们一样的高度上，用“三心”去沟通。

第一是赏识的心。人人都希望被欣赏，我们应该以赏识的眼光来对待别人，并且让他知道。我一直认为，只有我欣赏员工，员工才会更加乐意和我沟通。当一个人得到赏识的时候，他就会受到极大的激励。

第二是尊重的心。被尊重是一个人最根本的需求。试问有谁不希望获得别人的尊重呢？我会像尊重自己一样尊重团队里的每一个人，强调他们在企业中的重要性，重视发挥他们的主体意识与作用。把尊重贯穿于整个管理过程中，当员工感到自己受到尊重的时候，就会激发出与企业同甘共苦的工作热情。

第三是分享的心。分享是最好的学习态度，也是最好的企业文化氛围。所以在工作中，我会不断地分享知识、经验、目标，分享一切值得分享的东西给我的团队。

人人都希望被善待，我一直秉持着这一点。我相信，只要我能够真诚地对待团队里的每一个人，想他们所想，肯定他们对奢瑞小黑裙的意义与价值，他们自然就会对我产生一种向心力。这种向心力就是企业的发展动力，将会推动奢瑞小黑裙不断向前。事实也的确如此，我们的团队用不断增长的销量证明了一点：团队齐心，其利断金！

思明对你说

女性创业者要牢记一点：无论何时，都要对自己好一点！创业是一条漫长的路，只有爱自己，才能有力气走到最后。

团队由很多人组成，难免会出现矛盾。高效团队的管理者会让每一个团队成员与其他成员进行有效沟通，说出自己心中的真实想法，并提倡成员注意倾听伙伴们的建言，在双向或是多向沟通中，减少他们之间的摩擦和团队发展的障碍。

只有团队成员之间高度信任，大家对团队的忠诚度很高，每个人都为自己能成为团队的一分子而感到骄傲和自豪，团队的凝聚力才会很高，士气才能高涨，工作才会越来越顺利。

找对位置，才能实现人生价值

一路走来，我深深地体会到：定位决定位置，你给自己的定位是什么，你就会成为什么。

志在高空中翱翔的雄鹰不会甘心只做平地上的一只雏鸡，满足于劳作的奴隶永远不可能成为主人。你最终会站到哪个位置上，创造出什么样的成就，其实都取决于你最初给自己的定位是什么样的。

即使在我最艰难的时刻，我也没有放弃过自己。我一直相信，我能凭借自己的努力，创造属于自己的辉煌。不甘平凡，这就是我给自己的定位，最终我做到了。

朋友给我讲的一个故事给了我很大的启发。有一个从小就没有父母的孤儿，生活孤苦无依，既没有田地可以种，也没有钱可以用来经营生意，每天只能四处流浪，靠别人的施舍来过活。

这样的生活让他感到非常迷茫。有一天，他去求见一位高僧：“我既没有父母亲朋的相助，也没有一技之长，该怎么生存呢？”

高僧什么也没说，从地上随手捡起一块小石子，对他说：“明天早上，你拿着这块小石子到集市上去卖。但要记住一点，不管有多少人想买这块石头，你都不能卖。”

孤儿不明白高僧的用意，心想：“这种石头遍地都是，怎么会有人愿意花钱买呢？”虽然不相信这块石头能卖出去，但他还是按照高僧说的去做了。第二天，他来到集市上，在一个不起眼的小角落里蹲下来，开始叫卖那块石头。果然如他所料，根本没人把这块小石子放在眼里。他接连卖了三天，都无人问津。直到第四天，才有人好奇地过来询问。第五天，终于有人要出钱买这块石头了，但他谨记高僧的嘱咐，没有将石头卖给对方。到了第六天，石头的价格已经高到出乎他的想象了。

这天晚上，孤儿高兴地对高僧说：“想不到一块石头竟然值那么多钱！”高僧笑笑说：“明天你再把这块石头拿

到黄金市场去，同样，不管别人出多少钱，你都坚持不卖。”

第二天，孤儿又把这块石头拿到黄金市场去了。在满是黄金的市场上突然出现了一个卖石头的，人们都非常诧异。很快，就有人过来问价，孤儿没有答应。到了第三天、第四天，问价的人越来越多。几天以后，石头的价格已经被抬得高出了黄金的价格，而孤儿依然坚持不卖。越是这样，人们的好奇心就越强，后来，越来越多的人愿意用高得离谱的价格来买这块石头。

孤儿又去找高僧，高僧对他说：“你再把石头拿到珠宝市场去卖……”

可想而知，珠宝市场上也出现了同样的情况。到最后，石头的价格已经被炒得比珠宝的价格还要高了。因为孤儿无论如何都不卖，那块石头更是被传为“稀世珍宝”。

对此，孤儿大惑不解。高僧说：“世上的人与物都是这样的，如果你认定自己是块一文不值的小石头，那么你可能永远只是一块石头。如果你坚信自己是一个无价的宝石，那么你就是无价的宝石。”

只有找对自己的位置，才能实现自身价值。找不对位置，就会一生庸碌无为。如何找到自己的人生定位，是我，也是每个人心中都要认真想一想的事情。

要找到答案，你应该先问自己一个问题：你明白你的自身价值何在吗？

热门话题、流行时尚、理想职业、最新潮流……在社会的喧嚣中，在别人的影响下，许多人迷失了自我，看不清自己真正的价值，总是按照别人的看法设计自己的人生——让自己“生活在别处”。

虽然我投身于时下最为热门的行业，身处时尚的潮流之中，到处都是浮华与喧嚣，但我从不认为自己处于社会的中心，更不认为自己因此就会得到权力、地位和财富，实现自我的价值。

我们要明白，自己所希望实现的价值到底是什么。不要等到花尽毕生的力气追求之后，才恍然大悟，原来自己真正应该做的事情没有做，自己错过了真正的机遇，自己所追求的很多热门根本不适合自己，或者根本就没有意义，只是炫目的泡沫。

总有人问我怎么才能找到正确的人生定位，其实这个问题并不难回答。

第一，要找到自己的优势。俗话说“尺有所短，寸有所长”，定位不在于盲目地求高求大，关键在于适合自己，能够发挥自己的长处。每个人都有与众不同的优势，有自己独特和熟练的处事方式，如何正确认识自己的特长及与之相关的行业特点是非常重要的。只有找到自己的差异化优势之后，才能明白如何选择适合自己的道路。

第二，要敏锐地把握住机会，凡事主动出击。我们都知道，机会只青睐有准备的头脑，这一点就像下棋，机会来了就要大胆出击，走好了第一步才有第二步，路子才会越来越宽。没有机会的时候，我们还要学会主动创造机会。只有拥有一颗“有准备的头脑”，才能把握和创造机遇。

一个创业者的故事曾经带给我很大的震撼。有一年春天，一个中国农民到韩国旅游，朋友们托他帮忙带一些泡菜，于是他便在韩国一家超市买了4大袋30斤左右的泡菜。回旅馆的路上，他感到手中的塑料袋越来越沉，勒得手生疼。他想把袋子扛在肩上，又怕泡菜弄脏了新买的西装。正在左右为难之际，他忽然看到了街道两边茂盛的绿化树，顿时计上心来。

他放下手中的袋子，从路边的绿化树上折了一根树枝，准备当作提手来拎沉重的泡菜袋子。正暗自高兴时，迎面走来的韩国警察把他拦了下来。他因损坏树木、破坏环境，被韩国警察毫不客气地罚了 50 美元。

因为这 50 美元，他心疼得直跺脚。想要和韩国警察讲道理，他又不会说韩语，无法沟通，只能认罚。交完罚款，他肚子里憋了不少气，越想越窝囊。后来，他干脆放下袋子，坐在路边不走了。

坐了一会儿之后，他发现来来往往的路人中也有不少

人和他一样，气喘吁吁地拎着大大小小的袋子，手掌都被勒得发紫了。有的人坚持不住，还停下来揉手或搓手。

看到这幅画面，他突然想到：他们为什么不想办法搞个既方便又不勒手的提手来拎东西呢？对啊，我不如发明一种方便提手，专门卖给韩国人，一定有销路！

回国之后，他不断回想起在韩国被罚50美元的事情，还有那些提着沉重袋子的路人，发明一种方便提手的念头越来越强烈。于是，他干脆放下手头的活计，一头扎进了方便提手的研制中。

他根据人的手形设计了好几种款式的提手，为了试验它们的抗拉力，又分别采用了铁质、木质、塑料等几种材料，但是总是达不到预期的效果，他几乎丧失信心了。但每次一想到在韩国那令人汗颜的50美元罚款，他都会再次充满斗志。

经过反复试验调整，轻巧又耐用的提手终于做出来了。送给邻居试用之后，邻居们纷纷反映非常实用，出门买再多的东西，都不会觉得勒手了。看到这么好的试用反馈，他对小提手的市场前景充满了信心。但问题又来了，等到他真的去集市上推销的时候，看的人很多，真正掏钱的人并不多。这该怎么办呢？

他的妻子给他出了个主意：不急着卖钱，先把小提手免费赠给那些拎着重物的人使用，让更多的人知道小提手的好处。这招还真奏效，一时间，大街小巷到处都有人打听小提手的出处。小提手出名了，大大增加了他将产品推向市场的信心。

他没有忘记自己搞发明的最终目标市场是韩国。于是他很快申请了发明专利。接着，为了让小提手顺利打进韩国市场，他决定先了解韩国消费者对日常用品的消费心理。

经过反复调查，他发现韩国人在色彩和形式上十分挑剔，处处讲究包装。只要包装精美，做工精良，价格高一点也无所谓。于是他决定投其所好，给小提手设计了多种颜色，以增强视觉效果。他还不惜花费重金聘请了专业的包装设计师，对小提手按国际化标准进行了细致的包装。很多人觉得他这样是小题大做，不相信这个小玩意儿能搞出什么大名堂。可他坚信一个最通俗的道理，“舍不得孩子，套不着狼”。

功夫不负有心人。经过前期的大量市场调研和商业运作，他接到了韩国一家大型超市的订单：以每只 0.25 美元的价格，一次性订购了 120 万只方便提手！接到电话的那一刻，他欣喜若狂。

这个农民的名字叫韩振远。他凭借一个不起眼的灵感，一下子从一个普通农民变成了百万富翁。而这个变化，他只用了不到一年的时间。

每当有人问他是如何成功的，他就说：“我是用 50 美元买一根树枝换来的。”

我在韩振远的身上看到的是，只有主动才能赢得时间和先机，才能在机遇到来的时候胸有成竹、待机而动、运筹帷幄、决胜千里。最重要的一点是，要持之以恒，不畏艰险。万事开头难，唯有持之以恒的坚持和不畏艰险的努力，才是赢得成功的保障。锲而不舍，韬光养晦，孜孜以求，厚积薄发，才能成就大事业。

放错了地方的宝贝便是废物。人生成功的诀窍就在于找准人生定位。如果你还没有给自己找准定位，那么就应该抓紧时间，坐下来分析一下，根据自己的特点，寻找真正适合自己的位置。

你的位置一定在比现在更高的地方。只有坚信这一点，你才能拥有源源不断的动力，才能成为更好的自己。

每个人都应该学会扬长避短，只有这样才能创造出人生的辉煌。找到优势，并将其发挥到极致，往往就是成功。

Chapter 6

每条奢瑞小黑裙
都承载着慈善与爱

公益是一种生活态度

在这个快节奏的时代，几乎每个人都在为生活而奔波忙碌，心与心之间的距离越来越远。我们经常会看到，金钱代替了善良，鄙视代替了同情，功利主义代替了我们的优良传统，感恩变成了稀缺的感情。其实，财富失去了可以再创造，人与人之间的互相关爱、互帮互助失去了，我们的社会将会变得一片黑暗。

正是出于这个原因，我一直专注于公益与慈善。我希望用自己的绵薄之力，为这个世界增添一份温暖，留住一份美好。

对我来说，公益是一种生活态度，它会让我的生命更完整。我不想让我的人生留下遗憾：它可以不成功，也可以不完美，但不可以不完整。

有人问我：公益是什么？在我看来，公益有三种。

第一，语言公益。简单来说，就是多赞美身边的人。

在生活中，有一些人认为，对他人的欣赏和赞美只要通过实际行动来表达就够了，没必要把赞美的话挂在嘴边。还有一些人，他们只能看到别人的缺点和过错，至于别人的优异表现，他们总是将其归结为运气好，没有什么了不起的。他们习惯于用训斥、嘲笑、指责、讥讽的语气去评价别人的缺点。一旦发现别人的过错，就像发现了天大的把柄一样，紧抓不放。

这两种做法都是错误的。真正有智慧的人都愿意把自己的目光投放在别人的优点上，并且发自内心地赞美他人。因为他们懂得，赞美是一种产出大于投入的投资，是世界上最值得的一种投资。给别人以真诚的赞美，并不需要任何物质上的付出，然而，却有可能得到超出想象的回报。

每个人的身上都有独特的闪光点。当这个闪光点被别人发现，并得到别人的充分肯定和发自内心的赞美的时候，他就会由此而充满自信，得到一种强烈的被认同感。

发自肺腑的赞美，哪怕只是一句平平常常的话，一个充满欣赏的眼神，一个轻轻的拍肩，都会产生令人意想不到的效果。而对施予者来说，这只不过是举手之劳而已，不需要付出任何代价。

赞美别人，不仅能让别人受益，也会使我们的人际关系得到改善：赞美朋友，会让你们之间的友谊得到巩固；赞美上司，能让他更加赏识与重用你；赞美同事，能够联络你们之间的感情，使得合作更加愉快；赞美下属，能赢得下属的忠诚，换得他们的工作热情和创造精神；赞美合作伙伴，能赢得更多的合作机会；赞美客户，能赢得更多的订单……

当然，我说的语言公益，指的是实事求是地赞美，而不是做“马屁精”。只有实事求是，我们的赞美才能直达对方的心灵。如果夸大其词，或者阿谀奉承，那么，别人就会怀疑你是在“拍马屁”，是为了达到自己的某种目的，而不是真正欣赏他、赞美他，效果会适得其反。

语言公益胜过黄金万两。善于赞美你周围的人，不仅会使对方心生愉悦，也会营造出一种轻松、和谐的氛围，利人又利己，我们为什么不去做呢？

第二，公益是给予。我们在给予的同时，往往也能够增加自己的幸福感。可是很多时候，人们却不懂得付出，只一味希望获得。幸福无非有两类：一种是为自己“索取”，一种是对他人“给予”。总是索取的人，表面上看起来很幸福，其实却不尽然。有的人把拥有更多的金钱视为幸福，于是使出浑身解数最终腰缠万贯，却依然觉得不够幸福。有的人把拥有权力视为幸福，为了官位挖空心思，身居高位之后还是感到不幸福。因为，金钱和权力都是没有止境的。

相比而言，“给予”就比“索取”容易多了。无论在什么时间、什么地点，只要真心愿意留给别人一些美好的

东西，我们就会因为自己的付出而感到满足，获得心灵的愉悦。

下面这个故事曾经深深地打动了我。

在一个偏僻的小镇上，有一位邮递员。他从十六七岁的时候开始，就每天往返五六十里路，把一封封信件送到人们家中。

时间飞逝，一晃几十年过去了。在这几十年里，镇上的人有些已经离世了，有些已经老去了，还有一些刚刚出生。人与事早已经历了几番变迁，只有那条送信的路似乎一直都没有发生过什么改变，仍旧尘土飞扬，一片荒凉。

这天，邮递员像往常一样走在送信的路上。看到周围死气沉沉的景象，他的心中忽然涌起了一股悲哀的情绪：“这样的路到底还要走多久呢？难道我的一生都要奔波在这样一条没有绿树、没有花草、只有尘土漫天飞舞的路上吗？这是多么悲惨的事情啊！”想到这一点，他觉得非常失落。再想想镇上的人们，每天进进出出也只能走在这条荒凉的路上，心头就变得更加沉重了。

到了下午，邮递员手里只剩一封信了，收信人是一家花店的老板。在花店门口，他看着屋子里花团锦簇的情景，心中一动，忽然有一个念头闪现在他的脑海里。

送完信之后，他问老板："什么花的生命力最顽强？"

老板问他："你要在家里种花吗？"

他神秘地摇摇头。

老板向他推荐了一种不知名的野花，对他说："这种花特别好活，哪怕你很长时间不浇水，它都能发芽、开花。"

于是，邮递员买了一大把这种野花的种子。从第二天开始，他就带着这些花种，沿途撒在自己送信的路上。

一天，两天，三天，一个月，三个月……邮递员一直坚持着在路边散播野花的种子。没过多长时间，那条荒凉的、布满尘土的道路就变了样子——路边先是冒出了星星点点的绿芽，然后又开出了许多颜色各异的小花。春天开春天的花，夏天开夏天的花，一年四季总有鲜花盛开着，它们不但迎风摇曳，展现着美丽的身姿，还一路上播撒着芬芳的香气，令路过的人沉醉不已。

镇上的人看到这繁花似锦的景象都十分高兴。而穿梭在花丛中、闻着花香的邮递员，也不再感到孤独和愁苦了。

我一直希望自己也能像这个邮递员一样，用花香温暖人们的心。

给予会让我们深切地感受到自己人生的价值和意义，让我们明白，自己最大的快乐就在于还能给别人帮助。时光飞逝，人生如白驹过隙，为什么不留下善行，温暖别人，也快乐自己呢？

第三，公益是分享。分享是一种美德，它让世界变得更加美好。无人分享的人生，无论面对的是快乐还是痛苦，都是一种惩罚。人们生活在社会里，人类生存的基本需求决定了人与人之间的关系必须是相互依存、息息相关的，只有我们主动关心别人，别人才会给予我们同样的关心，否则，我们收获的就只能是冷漠与孤独。而当我们帮助了别人的时候，却会由衷地产生一种快感，得到心灵的慰藉，同时，还能赢得别人的尊敬。

分享不在乎多与少，哪怕只是与别人分享一杯水、一块面包、一个苹果，那也是莫大的快乐。生活中到处都充满分享。我们可以分享自己遇到的奇闻趣事，可以分享自己喜欢的零食，也可以分享我们成功后的喜悦……分享并不会令我们失去，相反，我们得到的将会比分享出去的更多。

正如萧伯纳所说的那段富含哲理的话：“你有一个苹果，我有一个苹果，我们彼此交换，每人还是一个苹果；你有一种思想，我有一种思想，我们彼此交换，每人就拥有了两种思想。”生活中的任何事物都是如此，把痛苦分享出去，那么我们就可以为自己减少一半的痛苦；将快乐分享出去，那么别人就可以分享我们所赠予的翻倍的快乐。

分享不但是一种意识、一种智慧，更是一种难能可贵

的品质，也是一种人生境界的升华。这世界上从来都不乏“分享”的佳话：因为懂得分享的真谛，一曲《高山流水》，使伯牙与子期成为彼此的知音，终生无悔；因为了解分享的意义，爱迪生用他发明的电灯照亮了整个人类；因为深谙分享的价值，季羡林把吐火罗文无私地分享给自己的弟子，这一语种才没有从此失传……

分享，是心与心之间的真诚交流，更是情与情之间的传递。好的东西拿出来分享，就会吸引到更多的朋友，让“我”变成“我们”，奋斗路上不再孤单。假如总是独享，防人于千里之外，朋友也就渐渐陌生了，而且还会招致很多仇人，即使衣锦还乡也会徒遭白眼。

放弃自私自利的“小我”之心，努力去做一些利他的事情吧！只有真正去做了，去付出了，你才能真正体会到这种乐趣。到时候，或许你就会自动自发地爱上这种行为。当你从一个“自私鬼”变成一个心胸宽广的人的时候，你的事业，你的家庭，乃至你的交际，才会在你人生的旅途上绽放出耀眼的光芒。

我热爱公益，公益常常令我陶醉其中，让我感觉到幸福与快乐。在我看来，向暂时遇到困难的人伸出援手，给身处迷途的人指一条路，用真诚的话来鼓励沉浸在沮丧情绪中的朋友，用会心的微笑来祝贺同事的成功，为遭遇不幸的陌生人捐款……这些行为虽然对自己来说无足轻重，重要的是背后闪现着善良灵魂的光芒。

热爱公益的人一定是善良的，一定拥有一颗温暖的心，在温暖他人的同时也温暖了自己。让公益沉淀在我们的血液深处，融化在我们的行动中，滋润我们干涸的心灵，生命才会更加丰富美丽。如果我们在生活中时时心存善念，时时牢记公益，我们的善行就会在造福他人的同时给自己也带来巨大的收获。我相信，善行一定会有善报。

思明对你说

我们自始至终都生活在给予与接受之中。只有学会给予，才能品尝到付出的幸福。当你学会关心别人、爱护别人的时候，你就会发现，原来自己从中收获的，远比付出的要多。

做自己应该做的事情，帮助那些需要帮助的人，不必刻意地寻求回报，这是我们应该拥有的一种风度和品性，也是我们常常望尘莫及的东西。

如果能够设身处地地为别人着想，一个人自然就会活得更加从容、淡定。一个怀有仁爱之心的人，他的一言一行里都会透露出浓浓的人情味，不仅能给他人带来温暖和安慰，也会令自己的人生更加顺遂。

公益别人，就是公益自己

在做奢瑞小黑裙之前，我有两个公益身份：一个是中华女子协会的会长，另一个是十方缘基金会的创始人。

中华女子协会（以下简称“女协”）是国内第一家致力于女性博雅教育、女性慈善公益的非营利性服务机构，是中国女性慈善公益联盟团体成员。我们的宗旨是“助力女性、丰富生活”，我希望通过这个公益组织维护女协会员的合法权益，促进女协会员个人素养的提升和社会发展，守法自律，面向社会，为广大女性会员服务。我们的协会每年都会利用自身的文化优势和艺术资源，组织丰富多彩的活动，帮助会员们提升自己的内在气质，发掘自己的外在魅力，使她们获得真正的幸福。

我一直提倡女性公益慈善，女人作为社会的“半边天”，在公益事业上，不但不应该缺席，而且还要发挥自己独特的作用。在我看来，女性公益慈善是对女性弱者进行救助、对不同层次妇女发展进行支持的一项社会公益慈善事业，它有助于妇女的健康发展，有助于社会的和谐稳定。我在做公益的过程中发现，在社会的各个领域活跃着很多女性公益慈善组织，她们不仅关注需要帮助的女性弱势群体，积极协助她们解决在接受教育、创业就业、摆脱贫困、医疗卫生服务等方面遇到的困难，还对生态文明等关系到国家可持续发展的重大问题上倾注力量，取得了很大的成效。在很多公益活动中，到处都可以看到女性的身影。她们的大爱、善良、智慧、无私的精神和作风，是一道美丽的风景。

女协这个平台创建的初心非常简单，就是为了帮助女性免费组织活动，带着大家学习，让大家的生活更加丰富。现在，女协已经成为无数博雅女性温馨的家，是公益女性的引航、会员彼此之间沟通的桥梁，是联系会员与各界妇女及女企业家之间的纽带，是培养、提高女性会员素质的大学校。

女协的愿景是帮助女性减压，使女性朋友在传统文化思想的影响下生活得更加豁达、包容、平和，帮助女性通

过投身公益事业洗涤心灵，促进身心健康，获得幸福生活。我们还期望通过提供系统化的公益产品和服务，唤醒广大女性朋友自我意识的觉醒、不断思考自身价值及人生存在的意义，从而能在更高的平台上去决定未来成功发展的最佳方向，给深藏内心的梦想一个展翅翱翔的机会，让从未放弃的梦想在中华大地开枝散叶。

我希望通过女协的努力和带动，团结女性力量，发挥其不可或缺的社会作用，让更多人勇于创造、实现自己的梦想，真正推动中国女性事业的发展，面对新型女性问题的挑战，勇于解决，积极面对。

更重要的是，我希望自己能在推进女性公益慈善事业发展上起到引领作用，通过发展慈善事业来推动全社会，尤其是企业界和各公益组织，不断强化性别意识，把支持和促进妇女发展、维护妇女权益放在更加突出的位置。

我也欢迎更多的女性朋友加入我们，加入到这个充满阳光的事业中，让慈善成为自己的一种道德习惯，成为一种生活方式。让我们共同提升自我、建筑友情，引领现代女性走向幸福生活。我也希望越来越多的人通过这个平台，传播切身体验和爱心感召，汇聚宝贵的资源，激发起更多女性内心丰富的慈善动力和激情，彰显女性独特的魅力和力量！

我的另一个公益身份是十方缘基金会的创始人。十方缘基金会是一家专注于支持临终老人心灵呵护的基金会。老人是最容易被忽视的群体之一，我希望协助全国4000万临终老人在宁静祥和中走完人生的最后路程，也让更多的人参与进来，使参与募捐和服务的生命都可以感受到爱与陪伴的喜乐。

在我看来，每一个生命都是需要被呵护的，所以我们不分析、不评判、不下定义，就是爱与陪伴。我希望有一天，让生命呵护生命能够成为一种生活方式，所有老人都能生活在爱与陪伴中。

十方缘创建于2011年。我们第一年深入养老机构，为养老机构的重症、临终老人提供心灵呵护服务；第二年进入临终关怀医院，为医院里的临终老人提供心灵呵护服务；第三年开始进入社区，为临终老人的家庭提供心灵呵护支持。

十方缘第一年运营主要靠的是义工的捐赠，我们称其“左手捐右手”；第二年，我们得到了政府采购的支持；

第三年，我们通过给公益组织培训管理人才及给企业提供生命教育获得收益。就这样，十方缘在政府、基金会、公益组织及自我运营的共同努力下得到了很好的运转。

其实，为老人服务并不是单纯的一种付出，老人也在用他们的生命教育我们。通过为老人服务，我们能感受到浓浓的爱，我们应该感恩。

我一直认为，做这件事的意义非常大。老人安则家庭安，家庭安则社会安，社会安则国家安。

有人问我为什么要做这些事情，其实我的想法很简单。小的时候，我家就经常帮助邻居，并不是因为自家条件有多好，只是出于爱心而已。经过多年耳濡目染，我一直希望自己长大后也可以去帮助别人，能做一点是一点。

对我来说，公益别人就是公益自己。做公益，做好事，就是为自己积攒福报。任何事情都是有因有果的，只有付出了，才会得到回报。如果没有付出，那个回报很快就会走的。

我很喜欢这样一句话：“人生最美丽的补偿之一，就是人们真诚地帮助别人之后，同时也帮助了自己。”是的，我们在帮助别人的时候，也是在帮助我们自己。

给，是一种舍。我们在给别人的时候，就是在舍自己的某些东西，比如时间、精力、关怀、财物，等等。而这些舍，同样会使我们得到。几乎每个人都听过这样一句话：“赠人玫瑰，手有余香。”我们在给予别人的同时，自己也会有收获。实际上，这并非一句空话。每个人都不是独立地存在于这个世界上的，每个人都有可能遇到困难，遇到自己解决不了的问题。这个时候，我们就需要向别人求助，如果我们能得到别人的帮助，自然就会心存感激，希望他日自己也可以为别人做些事情。同样地，当我们帮助别人时，别人也会心存感激，希望他日能伸出援助之手，反过来帮助我们。

所以在生活中，我们不要吝惜于去做公益。公益是一种无私的付出，是冬日里一缕阳光，在给别人快乐的同时，也温暖了我们的心灵。

爱出者爱返，福往者福来。当别人需要帮助时，我们不妨伸出援手，微笑着对他说："请让我来帮你！"

施比受有福。因为施，是给予，是帮助他人，是自己有价值、有能力的具体表现。而受，是接受别人的恩惠，是让别人来拯救自己，是弱者的行为。

你把最好的给予别人，就会从别人那里获得最好的。你帮助的人越多，你得到的也就越多。你越吝啬，就越一无所有。

奢瑞小黑裙＋红丝带＝爱

在与世隔绝的四川大凉山，有一个名字叫作“保护”的男孩，他的妈妈在分娩之前不幸感染了艾滋病。所幸的是，红丝带母婴平安项目得知此事后，对她进行了资助，在他们的帮助下，妈妈顺利地生下了没有感染艾滋病的他。家里人非常高兴，他们想，孩子是在红丝带的保护下平安出生的，于是给孩子起名叫“保护”。

第一次听说这个故事时，我落泪了。我们生活在幸福中，却不知道在世界的某个角落里，还有一些人正在痛苦的深渊中挣扎。在我的印象里，四川大凉山是一个美丽而又神秘的地方，但是这时我才了解到，这个地方除了动人心魄的风景，还有极其残酷的一面：贫困、交通不畅、观念陈旧、医疗落后……在大凉山的贫困、偏远地区，很多妇女选择在家生孩子，很多人因难产、产后大出血等无法得到及时救治而死亡。孕产妇、新生儿死亡率不仅高于全国水平，就是在西部地区范围内，也是远远高出其他地方。这些本可以避免的悲剧每天都在发生！

女性作为社会中最重要的角色，应该是自信、优雅、力量的代言人。然而，在全国竟然有很多女性因为受贫困、传统观念和医疗条件所限，忍受着生育的艰辛和新生儿无法存活的痛苦！当一个曾经分娩 14 次，最终仅有 3 个孩子存活的母亲哽咽地诉说她的遭遇的时候，我在她眼中看到的，只有柔弱和无助。

面对此情此景，我不能袖手旁观，更不能无动于衷。在这种责任感的驱使下，我开始关注起红丝带母婴平安项目。我了解到，红丝带母婴平安项目是中华红丝带基金为了动员当地育龄孕产妇住院检测、分娩，改善凉山州基层医疗卫生服务水平，提高基层卫生人员服务能力，减少艾滋病、肝炎、性病等传染病母婴传播概率而发起的一个公益项目，目的是通过动员社会各界共同关注、传播、参与，一起来支持大凉山彝族特殊困难的孕产妇接受孕期检测、住院分娩，预防疾病，降低产妇和新生儿死亡率。

中华红丝带基金的工作人员曾经给我讲过这样一件事：来自四川凉山州的村妇保员曲比尔西在这个项目的启动仪式上流着泪说，“如果不是红丝带的母婴项目进入我们村，不晓得有多少孕妇在家生娃娃，更不晓得多少娃娃会染了病，或者早早就没掉了”。曲比尔西所在的村子，在 2014 年 1 月到 11 月总共诞生了 36 个新生儿，其中有 34 个是在医院分娩的，而 2010 年全村 34 个新生儿中只有 11 个是住院分娩的，这都要得益于红丝带母婴平安项目的捐助。

上述数据令我惊讶，也令我感动。于是，心潮澎湃的我当即决定加入红丝带母婴平安项目，为保护凉山地区的母婴健康出一份力。

正在这时，路人甲公益捐赠平台正式上线“中华红丝带基金母婴平安项目基金”，通过这个平台得到的善款将会全部用于支持开展村妇保员培训，在重点地区开展健康教育和咨询检测，发放红丝带母婴平安包，进行提高住院分娩率、降低产妇及新生儿死亡率、杜绝艾滋病等传染性疾病经母婴传播的宣传。

在对这个平台进行了考察之后，我决定携手路人甲，在公益领域发起一次“红与黑的碰撞”——每卖出一条SOIREE奢瑞小黑裙，我就会通过唯一捐赠渠道“路人甲”定向捐赠10元给红丝带母婴平安项目。

奢瑞小黑裙遇上了红丝带，母亲和新生儿的健康将得到更多的保障。10元并不多，但千千万万个10元凝聚起来，就是巨大的力量，会帮助无数人走出困境，迎来光明的人生。

在人生的道路上，我们会得到很多人的帮助。正是爱，成就了我们。在我们有能力的时候，要用爱来回报社会。只有传播爱，社会才会因我们而变得更加美好。

公益不分大小，只要一个人肯向别人伸出援手，哪怕是再微小的帮助，也会温暖人心，让人们感受到爱的力量。

一个公益项目就像一盏明灯，如果这样的灯多一些，灯光亮一些，我们身边的黑暗就会少一些，我们的世界就会充满光明。